Le Malentendu

Albert Camus

Le Malentendu

Pièce en trois actes
Editée et annotée
par
Rolf Massin

Ernst Klett Sprachen
Stuttgart

1. Auflage   1 ¹³ ¹² ¹¹ ¹⁰ ⁹ | 2029 28 27 26 25

Nachfolger von 978-3-12-598110-7
Alle Drucke dieser Auflage sind unverändert und können im
Unterricht nebeneinander verwendet werden.
Die letzte Zahl bezeichnet das Jahr des Druckes. Das Werk
und seine Teile sind urheberrechtlich geschützt. Jede Nutzung
in anderen als den gesetzlich zugelassenen Fällen bedarf der
vorherigen schriftlichen Einwilligung des Verlags.

Redaktion: Sylvie Cloeren
Layoutkonzeption: Elmar Feuerbach
Gestaltung und Satz: Satzkasten, Stuttgart
Umschlaggestaltung: Sandra Vrabec
Titelbild: Ullstein Bild GmbH, © Lieberenz, Berlin
Autorenbild: akg images, Archiv für Kunst und Geschichte, Berlin
Druck und Bindung: Digitaldruck Tebben GmbH, Biessenhofen

Printed in Germany
ISBN 978-3-12-598111-9

Table des matières

Notice biographique

Albert Camus est né en Algérie, à Mondovi, le 7 novembre
1913. À peine âgé d'un an, il perd son père à la guerre. Sa
mère, d'origine espagnole, l'élève dans la pauvreté. À l'école
5 communale, il se montre intelligent et consciencieux. Une
bourse d'état lui permet de suivre des études secondaires
au lycée d'Alger (1923-1930). Il entreprend des études de
philosophie, mais il doit abandonner, atteint de tuberculose.
Attiré par la politique, il adhère au parti communiste en 1934,
10 mais démissionne un an plus tard.

C'est à cette époque qu'il se tourne vers le théâtre, qui,
jusqu'à la fin de sa vie, restera sa seule et vraie passion.
D'abord acteur dans la troupe de Radio-Alger, il devient
directeur de « L'Équipe », troupe pour laquelle il adapte et
15 écrit ses premières pièces dont *Caligula* (publiée en 1944).
Journaliste à Alger, puis à Paris (1938-1940), Camus entre
au journal « Combat » dont il deviendra rédacteur en chef
(1944-1947). Il prend une part active au mouvement de la
Résistance et écrit de nombreux articles qui paraîtront sous
20 le titre « Actuelles » (1950 et 1953). En 1942, il publie un essai
philosophique, *Le Mythe de Sisyphe*, où il expose ses théories
sur l'absurde qui seront reprises dans son roman *L'Étranger*
(1942) et dans ses pièces *Le Malentendu* (1944) et *Caligula*.
Les lettres à un ami allemand (1943 à 1944), écrites aux heures
25 sombres de l'Occupation, font appel à la conscience et à la
dignité de l'homme. La violence et l'injustice incitent l'homme
à se révolter et c'est dans l'attitude du révolté que l'homme
trouve sa vraie raison d'être. Dans cet esprit, Camus a écrit
successivement son roman *La Peste* (1947) et ses deux pièces

---

5 **communal** appartenant à une commune – 5 **consciencieux** qui fait ses devoirs avec
conscience, avec soin – 6 **une bourse d'état** une somme d'argent que l'état accorde à
un élève ou un étudiant pour ses études – 6 **les études** *fpl* **secondaires** les études que
l'on fait dans une école secondaire, p. e. un lycée – 8 **atteint** *ici* : malade – 9 **adhérer
à un parti** s'inscrire à un parti – 10 **démissionner** se retirer, abandonner – 14 **adapter**
arranger d'une certaine façon – 17 **le rédacteur en chef d'un journal** le directeur
de la rédaction d'un journal – 25 **sombre** *ici* : tragique – 26 **inciter** pousser –
29 **successivement** l'un après l'autre

de théâtre *L'État de Siège* (1948) et *Les Justes* (1949). Mais il est certain que c'est dans *L'Homme révolté* (1951) que cet humanisme est le mieux motivé. En 1954 paraît *L'Été*, recueil de textes écrits entre 1939 et 1953, suivi de *La Chute* en 1956,
5 œuvre couronnée par le Prix Nobel en 1957. Cette même année voit la publication des nouvelles *L'Exil et le Royaume*.

Trois années après survient l'accident qui l'atteint en pleine gloire. Le 4 janvier 1960, Camus veut rentrer le plus rapidement possible dans son appartement parisien. C'est
10 pourquoi il accepte l'invitation de son ami et éditeur Michel Gallimard de rejoindre Paris en voiture. Près de Villeblevin, à 80 km de la capitale, un pneu crève. La voiture dérape, heurte un platane, et est complètement détruite. Trois personnes, dont M. Gallimard, sont projetées dans un champ. Le
15 quatrième passager, Albert Camus, est trouvé mort dans les débris de la voiture. Il a son billet de retour dans la poche de son manteau…

---

3 **le recueil de textes** la collection de textes – 5 **une œuvre couronnée par un prix** une œuvre qui a reçu un prix – 7 **survenir** se passer, arriver – 10 **un éditeur** un homme qui publie les œuvres d'un auteur – 11 **rejoindre** *ici* : aller à – 11 **Villeblevin** [vilbləvɛ̃] un village dans le département de l'Yonne – 12 **crever** éclater, craquer – 12 **déraper** *ici* : glisser et quitter la route – 16 **les débris** [-i] *mpl* les restes (d'une voiture)

Préface de l'auteur

Le Malentendu est certainement une pièce sombre. Elle a
été écrite en 1943, au milieu d'un pays encerclé et occupé,
loin de tout ce que j'aimais. Elle porte les couleurs de l'exil.
5 Mais je ne crois pas qu'elle soit une pièce désespérante. Le
malheur n'a qu'un moyen de se surmonter lui-même qui
est de se transfigurer par le tragique [...] *Le Malentendu*
tente de reprendre dans une affabulation contemporaine les
thèmes anciens de la fatalité. C'est au public à dire si cette
10 transposition est réussie. Mais la tragédie terminée, il serait
faux de croire que cette pièce plaide pour la soumission à
la fatalité. Pièce de révolte au contraire, elle pourrait même
comporter une morale de la sincérité. Si l'homme veut être
reconnu, il lui faut dire simplement qui il est. S'il se tait ou s'il
15 ment, il meurt seul, et tout autour de lui est voué au malheur.
S'il dit vrai au contraire, il mourra sans doute, mais après avoir
aidé les autres et lui-même à vivre.

*Il s'agit d'un texte retrouvé dans les archives de Camus et qui ne
porte pas de date.*

---

3 **être encerclé** *ici :* être entouré d'ennemis – 3 **occupé** *ici :* où il y a des troupes
ennemies – 5 **désespérant** [dez-] qui ne laisse pas d'espoir – 6 **se surmonter soi-même**
triompher de soi-même – 7 **se transfigurer** *ici :* s'élever, devenir noble – 8 **l'affabulation**
f l'arrangement des faits – 8 **contemporain** de notre temps, moderne, actuel – 10 **la
transposition** *ici :* la modernisation – 11 **plaider pour** parler en faveur de – 11 **la
soumission** la révolte – 12 **la fatalité** ≠ la destinée – 13 **comporter** contenir – 13 **une
morale de la sincérité** une morale qui veut la vérité – 15 **vouer** destiner, consacrer

Acte I

Scène I

Midi. La salle commune de l'auberge. Elle est propre et claire. Tout y est net.

5 LA MÈRE : Il reviendra.

MARTHA : Il te l'a dit ?

LA MÈRE : Oui. Quand tu es sortie.

MARTHA : Il reviendra seul ?

LA MÈRE : Je ne sais pas.

10 MARTHA : Est-il riche ?

LA MÈRE : Il ne s'est pas inquiété du prix.

MARTHA : S'il est riche, tant mieux. Mais il faut aussi qu'il soit seul.

LA MÈRE *(avec lassitude)* : Seul et riche, oui. Et alors nous
15 devrons recommencer.

MARTHA : Nous recommencerons, en effet. Mais nous serons payées de notre peine.

Un silence. MARTHA *regarde sa mère.*

Mère, vous êtes singulière. Je vous reconnais mal depuis
20 quelque temps.

LA MÈRE : Je suis fatiguée, ma fille, rien de plus. Je voudrais me reposer.

---

3 **la salle commune** *ici :* la grande salle (à manger) – 3 **une auberge** un hôtel simple à la campagne – 4 **net** [nɛt] bien rangé ≠ en désordre – 11 **il ne s'est pas inquiété du prix** 1. il n'a pas demandé le prix ; 2. il a accepté le prix – 14 **avec lassitude** *ici :* sans énergie – 19 **singulier** *ici :* pas comme d'habitude – 21 **je suis fatigué** *ici :* j'ai trop travaillé

MARTHA : Je puis prendre sur moi ce qui vous reste encore à faire dans la maison. Vous aurez ainsi toutes vos journées.

LA MÈRE : Ce n'est pas exactement de ce repos que je parle. Non, c'est un rêve de vieille femme. J'aspire seulement à la
5   paix, à un peu d'abandon.

(Elle rit faiblement.)

Cela est stupide à dire, Martha, mais il y a des soirs où je me sentirais presque des goûts de religion.

MARTHA : Vous n'êtes pas si vieille, ma mère, qu'il faille en
10   venir là. Vous avez mieux à faire.

LA MÈRE : Tu sais bien que je plaisante. Mais quoi ! À la fin d'une vie, on peut bien se laisser aller. On ne peut pas toujours se raidir et se durcir comme tu le fais, Martha. Ce n'est pas de ton âge non plus. Et je connais bien des filles,
15   nées la même année que toi, qui ne songent qu'à des folies.

MARTHA : Leurs folies ne sont rien auprès des nôtres, vous le savez.

LA MÈRE : Laissons cela.

MARTHA *(lentement)* : On dirait qu'il est maintenant des mots
20   qui vous brûlent la bouche.

LA MÈRE : Qu'est-ce que cela peut te faire, si je ne recule pas devant les actes ? Mais qu'importe ! Je voulais seulement dire que j'aimerais quelquefois te voir sourire.

---

1 **prendre qc sur soi** s'occuper de qc – 4 **aspirer à qc** désirer, souhaiter qc – 5 **l'abandon** *m ici :* le laisser-aller – 8 **je me sentirais presque des goûts** *mpl* **de religion** *f* j'aurais presque envie de me tourner vers la religion – 9 **vous n'êtes pas si vieille qu'il faille en venir là** vous n'êtes pas aussi vieille qu'il faut penser à cela – 11 **plaisanter** faire une plaisanterie ≠ parler sérieusement – 13 **se raidir** s'opposer, refuser ≠ se laisser aller – 13 **se durcir** être très dur (envers soi-même et envers les autres) – 15 **ne songer qu'à des folies** ne penser qu'à s'amuser – 16 **auprès de** comparé à – 19 **on dirait qu'il est maintenant des mots qui vous brûlent la bouche** j'ai l'impression que vous voulez me dire certaines choses – 21 **ne pas reculer devant les actes** *mpl* ne pas hésiter, passer à l'action

MARTHA : Cela m'arrive, je vous le jure.

LA MÈRE : Je ne t'ai jamais vue ainsi.

MARTHA : C'est que je souris dans ma chambre, aux heures où je suis seule.

5 LA MÈRE *(la regardant attentivement)* : Quel dur visage est le tien, Martha !

MARTHA *(s'approchant et avec calme)* : Ne l'aimez-vous donc pas ?

LA MÈRE *(la regardant toujours, après un silence)* : Je crois que 10 oui, pourtant.

MARTHA *(avec agitation)* : Ah ! mère ! Quand nous aurons amassé beaucoup d'argent et que nous pourrons quitter ces terres sans horizon, quand nous laisserons derrière nous cette auberge et cette ville pluvieuse, et que nous oublierons 15 ce pays d'ombre, le jour où nous serons enfin devant la mer dont j'ai tant rêvé, ce jour-là, vous me verrez sourire. Mais il faut beaucoup d'argent pour vivre libre devant : la mer. C'est pour cela qu'il ne faut pas avoir peur des mots. C'est pour cela qu'il faut s'occuper de celui qui doit venir. S'il est 20 suffisamment riche, ma liberté commencera peut-être avec lui. Vous a-t-il parlé longuement, mère ?

LA MÈRE : Non. Deux phrases en tout.

MARTHA : De quel air vous a-t-il demandé sa chambre ?

LA MÈRE : Je *ne* sais pas. Je vois mal et je l'ai mal regardé. Je 25 sais, par expérience, qu'il vaut mieux ne pas les regarder. Il est plus facile de tuer ce qu'on ne connaît pas. *(Un temps.)* Réjouis-toi, je n'ai pas peur des mots maintenant.

---

5 **attentivement** avec attention – 11 **avec agitation** *f* avec excitation – 11 **amasser de l'argent** *m* gagner de l'argent, mettre de l'argent de côté – 12 **et que...** et quand... – 14 **pluvieux** où il pleut beaucoup – 15 **devant la mer** à un endroit où on a la mer devant soi – 18 **ne pas avoir peur des mots** ne pas hésiter, tout risquer – 19 **suffisamment** assez – 23 **de quel air vous a-t-il demandé...** quelle tête faisait-il lorsqu'il vous a demandé... – 26 **un temps** *ici* : un (moment de) silence

MARTHA : C'est mieux ainsi. Je n'aime pas les allusions. Le crime est le crime, il faut savoir ce que l'on veut. Et il me semble que vous le saviez tout à l'heure, puisque vous y avez pensé, en répondant au voyageur.

5 LA MÈRE : Je n'y ai pas pensé. J'ai répondu par habitude.

MARTHA : L'habitude ? Vous le savez, pourtant, les occasions ont été rares !

LA MÈRE : Sans doute. Mais l'habitude commence au second crime. Au premier, rien ne commence, c'est quelque chose
10 qui finit. Et puis, si les occasions ont été rares, elles se sont étendues sur beaucoup d'années ; et l'habitude s'est fortifiée du souvenir. Oui, c'est bien l'habitude qui m'a poussée à répondre, qui m'a avertie de ne pas regarder cet homme, et assurée qu'il avait le visage d'une victime.

15 MARTHA : Mère, il faudra le tuer.

LA MÈRE *(plus bas)* : Sans doute, il faudra le tuer.

MARTHA : Vous dites cela d'une singulière façon.

LA MÈRE : Je suis lasse, en effet, et j'aimerais qu'au moins celui-là soit le dernier. Tuer est terriblement fatigant. Je me
20 soucie peu de mourir devant la mer ou au centre de nos plaines, mais je voudrais bien qu'ensuite nous partions ensemble.

MARTHA : Nous partirons et ce sera une grande heure ! Redressez-vous, mère, il y a peu à faire. Vous savez bien qu'il
25 ne s'agit même pas de tuer. Il boira son thé, il dormira, et tout vivant encore, nous le porterons à la rivière. On le retrouvera dans longtemps, collé contre un barrage, avec d'autres qui n'auront pas eu sa chance et qui se seront jetés

---

1 **l'allusion** *f* Anspielung − 11 **se fortifier de** *ici :* se nourrir de − 13 **avertir** prévenir −
18 **las** [lɑ] fatigué − 19 **je me soucie peu** cela m'est égal − 23 **se redresser** reprendre
courage, garder la tête haute − 27 **collé** *ici :* tout près de − 27 **un barrage** *ici :* une écluse

dans l'eau, les yeux ouverts. Le jour où nous avons assisté au nettoyage du barrage, vous me le disiez, mère, ce sont les nôtres qui souffrent le moins, la vie est plus cruelle que nous. Redressez-vous, vous trouverez votre repos et nous
5 fuirons enfin d'ici.

LA MÈRE : Oui, je vais me redresser. Quelquefois, en effet, je suis contente à l'idée que les nôtres n'ont jamais souffert. C'est à peine un crime, tout juste une intervention, un léger coup de pouce donné à des vies inconnues. Et il est vrai qu'
10 apparemment la vie est plus cruelle que nous. C'est peut-être pour cela que j'ai du mal à me sentir coupable.

Entre LE VIEUX DOMESTIQUE. *Il va s'asseoir derrière le comptoir, sans un mot. Il ne bougera pas jusqu'à la fin de la scène.*

MARTHA : Dans quelle chambre le mettrons-nous ?

15 LA MÈRE : N'importe laquelle, pourvu que ce soit au premier.

MARTHA : Oui, nous avons trop peiné, la dernière fois, dans les deux étages.

(Elle s'assied pour la première fois.)

Mère, est-il vrai que, là-bas, le sable des plages fasse des
20 brûlures aux pieds ?

LA MÈRE : Je n'y suis pas allée, tu le sais. Mais on m'a dit que le soleil dévorait tout.

---

3 **cruel** très méchant, atroce, inhumain – 4 **fuir** *ici* : partir – 9 **un coup de pouce** *m* Schubs – 9 **apparemment** [-amã] d'après ce qu'on voit, vu de l'extérieur – 11 **avoir du mal à faire qc** arriver difficilement à faire qc – 12 **un domestique** un homme qui s'occupe de l'intérieur d'une maison – 12 **le comptoir** [kɔ̃twaʀ] *ici :* la grande table dans la salle où sont rangés les bouteilles et les verres – 13 **il ne bouge pas** il reste immobile – 15 **n'importe laquelle** cela n'a pas d'importance – 15 **pourvu que** à condition que – 15 **au premier** au premier étage – 16 **nous avons trop peiné** nous nous sommes trop fatigué(e)s – 20 **une brûlure** une blessure occasionnée par qc de très chaud – 22 **dévorer qc** *ici :* détruire qc par une chaleur brûlante

MARTHA : J'ai lu dans un livre qu'il mangeait jusqu'aux âmes et qu'il faisait des corps resplendissants, mais vidés par l'intérieur.

LA MÈRE : Est-ce cela, Martha, qui te fait rêver ?

5 MARTHA : Oui, j'en ai assez de porter toujours mon âme, j'ai hâte de trouver ce pays où le soleil tue les questions. Ma demeure n'est pas ici.

LA MÈRE : Auparavant, hélas ! nous avons beaucoup à faire. Si tout va bien, j'irai, bien sûr, avec toi. Mais moi, je n'aurai pas
10 le sentiment d'aller vers ma demeure. À un certain âge, il n'est pas de demeure où le repos soit possible, et c'est déjà beaucoup si l'on a pu faire soi-même cette dérisoire maison de briques, meublée de souvenirs, où il arrive parfois que l'on s'endorme. Mais naturellement, ce serait quelque chose
15 aussi, si je trouvais à la fois le sommeil et l'oubli.

Elle se lève et se dirige vers la porte

Prépare tout, Martha. *(Un temps.)* Si vraiment cela en vaut la peine.

MARTHA *la regarde sortir. Elle-même sort par une autre porte.*

---

1 **qu'il mangeait jusqu'aux âmes** fpl qu'il détruisait tout, même les âmes –
2 **resplendissant** très beau, magnifique, splendide – 5 **j'ai hâte de trouver ce pays** je
veux aller le plus vite possible dans ce pays – 6 **la demeure** le lieu où on aime vivre –
8 **auparavant** avant, d'abord – 12 **dérisoire** ridicule, qui fait rire – 13 **la brique** une pierre
rouge faite de terre cuite et dont on se sert pour construire des maisons – 13 **meublé
de** *ici :* rempli de

Scène II

MARIA va à la fenêtre, aperçoit JAN *et* MARIA, *puis se dissimule.*
LE VIEUX reste en scène, seul, pendant quelques secondes. Entre
JAN. Il s'arrête, regarde dans la salle, aperçoit LE VIEUX, *derrière*
5 *la fenêtre.*

JAN : Il n'y a personne ?

LE VIEUX le regarde, traverse la scène et s'en va.

---

2 **se dissimuler** se cacher – 3 **en scène** sur la scène

Scène III

Entre MARIA. *JAN se retourne brusquement vers elle.*

JAN : Tu m'as suivi.

MARIA : Pardonne-moi, je ne pouvais pas. Je partirai peut-être
5   tout à l'heure. Mais laisse-moi voir l'endroit où je te laisse.

JAN : On peut venir et ce que je veux faire ne sera plus
possible.

MARIA : Donnons-nous au moins cette chance que quelqu'un
vienne et que je te fasse reconnaître malgré toi.

10 *Il se détourne. Un temps.*

MARIA *(regardant autour d'elle)* : C'est ici ?

JAN : Oui, c'est ici. J'ai pris cette porte, il y a vingt ans. Ma
sœur était une petite fille. Elle jouait dans ce coin. Ma mère
n'est pas venue m'embrasser. Je croyais alors que cela
15   m'était égal.

MARIA : Jan, je ne puis croire qu'elles ne t'aient pas reconnu
tout à l'heure. Une mère reconnaît toujours son fils.

JAN : Il y a vingt ans qu'elle ne m'a vu. J'étais un adolescent,
presque un jeune garçon. Ma mère a vieilli, sa vue a baissé.
20   C'est à peine si moi-même je l'ai reconnue.

MARIA *(avec impatience)* : Je sais, tu es entré, tu as dit :
« Bonjour », tu t'es assis. Tu ne reconnaissais rien.

JAN : Ma mémoire n'était pas juste. Elles m'ont accueilli sans
un mot. Elles m'ont servi la bière que je demandais. Elles me
25   regardaient, elles ne me voyaient pas. Tout était plus difficile
que je ne l'avais cru.

---

9 **malgré toi** sans que tu le veuilles – 10 **se détourner** tourner la tête – 12 **j'ai pris cette
porte** je suis sorti par cette porte – 18 **un adolescent** [adɔlesɑ̃] un jeune homme de 12
à 18 ans environ – 19 **vieillir** devenir vieux – 19 **sa vue a baissé** elle ne voit plus bien –
23 **ma mémoire** *ici :* mes souvenirs

MARIA : Tu sais bien que ce n'était pas difficile et qu'il suffisait de parler. Dans ces cas-là, on dit : « C'est moi », et tout rentre dans l'ordre.

JAN : Oui, mais j'étais plein d'imaginations. Et moi qui
5   attendais un peu le repas du prodigue, on m'a donné de la bière contre mon argent. J'étais ému, je n'ai pas pu parler.

MARIA : Il aurait suffi d'un mot.

JAN : Je ne l'ai pas trouvé. Mais quoi, je ne suis pas si pressé. Je suis venu ici apporter ma fortune et, si je le puis, du
10   bonheur. Quand j'ai appris la mort de mon père, j'ai compris que j'avais des responsabilités envers elles deux et, l'ayant compris, je fais ce qu'il faut. Mais je suppose que ce n'est pas si facile qu'on le dit de rentrer chez soi et qu'il faut un peu de temps pour faire un fils d'un étranger.

15 MARIA : Mais pourquoi n'avoir pas annoncé ton arrivée ? Il y a des cas où l'on est bien obligé de faire comme tout le monde. Quand on veut être reconnu, on se nomme, c'est l' évidence même. On finit par tout brouiller en prenant l'air de ce qu'on n'est pas. Comment ne serais-tu pas traité en
20   étranger dans une maison où tu te présentes comme un étranger ? Non, non, tout cela n'est pas sain.

JAN : Allons, Maria, ce n'est pas si grave. Et puis quoi, cela sert mes projets. Je vais profiter de l'occasion, les voir un peu de l'extérieur. J'apercevrai mieux ce qui les rendra heureuses.
25   Ensuite, j'inventerai les moyens de me faire reconnaître. Il suffit en somme de trouver ses mots.

---

5 le repas du prodigue [prɔdig] un repas copieux qu'on prépare pour fêter le retour d'un fils qui avait quitté depuis longtemps ses parents – **7 il aurait suffi d'un mot** un mot aurait suffi – **8 ne pas être pressé** avoir le temps – **11 avoir des responsabilités** *fpl* **envers qn** devoir s'occuper de qn – **17 se nommer** dire qui on est – **17 c'est l'évidence même** c'est logique, normal – **18 on finit par tout brouiller** à la fin, on complique tout – **18 pendre l'air de** faire comme si on était – **19 traiter qn en étranger** traiter qn comme on traite un étranger – **21 sain** *ici :* normal – **22 allons** *ici :* mais, voyons – **22 et puis quoi** et puis enfin – **26 en somme** tout simplement

MARIA : Il n'y a qu'un moyen. C'est de faire ce que ferait le premier venu, de dire : « Me voilà », c'est de laisser parler son cœur.

JAN : Le cœur n'est pas si simple.

5 MARIA : Mais il n'use que de mots simples. Et ce n'était pas bien difficile de dire : « Je suis votre fils, voici ma femme. J'ai vécu avec elle dans un pays que nous aimions, devant la mer et le soleil. Mais je n'étais pas assez heureux et aujourd'hui j'ai besoin de vous. »

10 JAN : Ne sois pas injuste, Maria. Je n'ai pas besoin d'elles, mais j'ai compris qu'elles devaient avoir besoin de moi et qu'un homme n'était jamais seul.

Un temps. MARIA se détourne.

MARIA : Peut-être as-tu raison, je te demande pardon. Mais je
15 me méfie de tout depuis que je suis entrée dans ce pays où je cherche en vain un visage heureux. Cette Europe est si triste. Depuis que nous sommes arrivés, je ne t'ai plus entendu rire, et moi, je deviens soupçonneuse. Oh ! pourquoi m'avoir fait quitter mon pays ? Partons, Jan, nous
20 ne trouverons pas le bonheur ici.

JAN : Ce n'est pas le bonheur que nous sommes venus chercher. Le bonheur, nous l'avons.

MARIA *(avec véhémence)* : Pourquoi ne pas s'en contenter ?

JAN : Le bonheur n'est pas tout et les hommes ont leur devoir.
25 Le mien est de retrouver ma mère, une patrie…

MARIA a un geste. JAN l'arrête : on entend des pas. LE VIEUX passe devant la fenêtre.

JAN : On·vient. Va-t'en, Maria, je t'en prie.

---

5 **user de** employer – 15 **se méfier de qc** ne pas avoir confiance en qc – 16 **en vain** sans réussir – 18 **devenir soupçonneux** commencer à se faire des idées – 23 **la véhémence** [veemᾶs] la violence, l'impétuosité – 23 **se contenter de qc** être content de ce qu'on a – 26 **elle a un geste** *ici :* elle veut dire qc

MARIA : Pas comme cela, ce n'est pas possible.

JAN *(pendant que les pas se rapprochent)* : Mets-toi là.

Il la pousse derrière la porte du fond.

Scène IV

La porte du fond s'ouvre. LE VIEUX *traverse la pièce sans voir* MARIA *et sort par la porte du dehors.*

JAN : Et maintenant, pars vite. Tu vois, la chance est avec moi.

5 MARIA : Je veux rester. Je me tairai et j'attendrai près de toi que tu sois reconnu.

JAN : Non, tu me trahirais.

Elle se détourne, puis revient vers lui et le regarde en face.

MARIA : Jan, il y a cinq ans que nous sommes mariés.

10 JAN : Il y aura bientôt cinq ans.

MARIA *(baissant la tête)* : Cette nuit est la première où nous serons séparés.

Il se tait, elle le regarde de nouveau.

J'ai toujours tout aimé en toi, même ce que je ne
15 comprenais pas et je vois bien qu'au fond, je ne te voudrais pas différent. Je ne suis pas une épouse bien contrariante. Mais ici, j'ai peur de ce lit désert où tu me renvoies et j'ai peur aussi que tu m'abandonnes.

JAN : Tu ne dois pas douter de mon amour.

20 MARIA : Oh ! je n'en doute pas. Mais il y a ton amour et il y a tes rêves, ou tes devoirs, c'est la même chose. Tu m'échappes si souvent. C'est alors comme si tu te reposais de moi. Mais moi, je ne peux pas me reposer de toi et c'est ce soir *(elle se jette contre lui en pleurant),* c'est ce soir que je ne pourrai
25 pas supporter.

---

3 **la porte du dehors** la porte qui donne sur la rue – 7 **tu me trahirais** [tʀai-] tu dirais qui je suis – 8 **regarder qn en face** regarder droit dans les yeux de qn – 17 **désert** vide, abandonné – 21 **tu m'échappes** *ici :* je n'arrive pas à te comprendre

JAN *(la serrant contre lui)* : Cela est puéril.

MARIA : Bien sûr, cela est puéril. Mais nous étions si heureux là-bas et ce n'est pas de ma faute si les soirs de ce pays me font peur. Je ne veux pas que tu m'y laisses seule.

5 JAN : Je ne te laisserai pas longtemps. Comprends donc, Maria, que j'ai une parole à tenir.

MARIA : Quelle parole ?

JAN : Celle que je me suis donné le jour où j'ai compris que ma mère avait besoin de moi.

10 MARIA : Tu as une autre parole à tenir.

JAN : Laquelle ?

MARIA : Celle que tu m'as donnée le jour où tu as promis de vivre avec moi.

JAN : Je crois bien que je pourrai tout concilier. Ce que je te
15 demande est peu de chose. Ce n'est pas un caprice. Une soirée et une nuit où je vais essayer de m'orienter, de mieux connaître celles que j'aime et d'apprendre à les rendre heureuses

MARIE *(secouant la tête)* : La séparation est toujours quelque
20 chose pour ceux qui s'aiment comme il faut.

JAN : Sauvage, tu sais bien que je t'aime comme il faut.

MARIA : Non, les hommes ne savent jamais comment il faut aimer. Rien ne les contente. Tout ce qu'ils savent, c'est rêver, imaginer de nouveaux devoirs, chercher de nouveaux pays
25 et de nouvelles demeures. Tandis que nous, nous savons

---

1 **serrer qn contre soi** prendre qn dans ses bras et le presser contre soi – 1 **puéril** enfantin – 14 **je pourrai tout concilier** je pourrai faire l'un et l'autre, je pourrai tenir les deux promesses – 15 **un caprice** une idée étrange qu'on a tout à coup (Laune) – 19 **la séparation est toujours qc pour…** 1. la séparation est toujours qc de pénible pour… 2. la séparation présente toujours un risque pour… – 21 **sauvage** *ici :* tu ne veux rien comprendre

qu'il faut se dépêcher d'aimer, partager le même lit, se
donner la main, craindre l'absence. Quand on aime, on ne
rêve à rien.

JAN : Que vas-tu chercher là ? Il s'agit seulement de retrouver
5   ma mère, de l'aider et la rendre heureuse. Quant à mes rêves
ou mes devoirs, il faut les prendre comme ils sont. Je ne
serais rien en dehors d'eux et tu m'aimerais moins si je ne
les avais pas.

MARIA *(lui tournant brusquement le dos)* : Je sais que tes
10   raisons sont toujours bonnes et que tu peux me convaincre.
Mais je ne t'écoute plus, je me bouche les oreilles quand tu
prends la voix que je connais bien. C'est la voix de ta
solitude, ce n'est pas celle de l'amour.

JAN *(se plaçant derrière elle)* : Laissons cela, Maria. Je désire
15   que tu me laisses seul ici afin d'y voir plus clair. Cela n'est
pas si terrible et ce n'est pas une grande affaire que de
coucher sous le même toit que sa mère. Dieu fera le reste.
Mais Dieu sait aussi que je ne t'oublie pas dans tout cela.
Seulement, on ne peut pas être heureux dans l'exil ou dans
20   l'oubli. On ne peut pas toujours rester un étranger. Je veux
retrouver mon pays, rendre heureux tous ceux que j'aime. Je
ne vois pas plus loin.

MARIA : Tu pourrais faire tout cela en prenant un langage
simple. Mais ta méthode n'est pas la bonne.

25 JAN : Elle est la bonne puisque, par elle, je saurai si, oui ou
non, j'ai raison d'avoir ces rêves.

MARIA : Je souhaite que ce soit oui et que tu aies raison. Mais
moi, je n'ai pas d'autre rêve que ce pays où nous étions
heureux, pas d'autre devoir que toi.

---

2 **craindre l'absence** *f* avoir peur d'être seul – 4 **que vas-tu chercher là ?** tu en as des
idées ! – 5 **quant à** [kɑ̃ta] en ce qui concerne, au sujet de – 11 **quand tu prends la voix**
quand tu parles d'une certaine façon – 12 **la solitude** le fait d'être seul – 21 **je ne vois
pas plus loin** je ne pense pas à autre chose

JAN *(la prenant contre lui)* : Laisse-moi aller. Je finirai par trouver les mots qui arrangeront tout.

MARIA *(s'abandonnant)* : Oh ! continue de rêver. Qu'importe, si je garde ton amour ! D'habitude, je ne peux pas être
5 malheureuse quand je suis contre toi. Je patiente, j'attends que tu te lasses de tes nuées : alors commence mon temps. Si je suis malheureuse aujourd'hui, c'est que je suis bien sûre de ton amour et certaine pourtant que tu vas me renvoyer. C'est pour cela que l'amour des hommes est un
10 déchirement. Ils ne peuvent se retenir de quitter ce qu'ils préfèrent.

JAN *(la prend au visage et sourit)* : Cela est vrai, Maria. Mais quoi, regarde-moi, je ne suis pas si menacé. Je fais ce que je veux et j'ai le cœur en paix. Tu me confies pour une nuit à
15 ma mère et à ma sœur, ce n'est pas si redoutable.

MARIA *(se détachant de lui)* : Alors, adieu, et que mon amour te protège.

Elle marche vers la porte où elle s'arrête et, lui montrant ses mains vides.

20 Mais vois comme je suis démunie. Tu pars à la découverte et tu me laisses dans l'attente.

Elle hésite. Elle s'en va.

---

3 **s'abandonner** se laisser aller – 3 **qu'importe** qu'est-ce que cela fait – 5 **patienter** [pasjɑ̃te] attendre avec patience – 6 **se lasser de qc** se fatiguer de qc – 8 **renvoyer** *ici :* quitter – 9 **le déchirement** ce qui vous déchire le cœur, ce qui fait souffrir – 10 **ils ne peuvent se retenir de quitter** ils quittent toujours – 13 **menacé** en danger – 14 **confier** *ici :* laisser – 15 **ce n'est pas si redoutable** il n'y a pas de quoi avoir peur – 16 **se détacher de qn** *ici :* sortir des bras de qn – 20 **démuni** *ici :* seul et pauvre

Scène V

JAN s'assied. Entre MARIA qui tient la porte ouverte pour laisser passer MARTHA, et sort ensuite.

JAN : Bonjour. Je viens pour la chambre.

5 MARTHA : Je sais. On la prépare. Il faut que je vous inscrive sur notre livre.

Elle va chercher son livre et revient.

JAN : Vous avez un domestique bizarre.

MARTHA : C'est la première fois qu'on nous reproche quelque
10 chose à son sujet. Il fait toujours très exactement ce qu'il doit faire.

JAN : Oh ! ce n'est pas un reproche. Il ne ressemble pas à tout le monde, voilà tout. Est-il muet ?

MARTHA : Ce n'est pas cela.

15 JAN : Il parle donc ?

MARTHA : Le moins possible et seulement pour l'essentiel.

JAN : En tout cas, il n'a pas l'air d'entendre ce qu'on lui dit.

MARTHA : On ne peut pas dire qu'il n'entende pas. C'est seulement qu'il entend mal. Mais je dois vous demander
20 votre nom et vos prénoms.

JAN : Hasek, Karl.

MARTHA : Karl, c'est tout ?

JAN : C'est tout.

MARTHA : Date et lieu de naissance ?

---

13 **muet** [mɥɛ] qui ne peut pas parler – 16 **le moins possible** aussi peu que possible –
16 **pour l'essentiel** *m ici :* pour dire le principal – 17 **il n'a pas l'air** *m de* il ne semble pas

JAN : J'ai trente-huit ans.

MARTHA : Où êtes-vous né ?

JAN *(il hésite)* : En Bohême.

MARTHA : Profession ?

5 JAN : Sans profession.

MARTHA : Il faut être très riche ou très pauvre pour vivre sans
un métier.

JAN *(il sourit)* : Je ne suis pas très pauvre et, pour bien des
raisons, j'en suis content.

10 MARTHA *(sur un autre ton)* : Vous êtes tchèque,
naturellement ?

JAN : Naturellement.

MARTHA : Domicile habituel ?

JAN : La Bohême.

15 MARTHA : Vous en venez ?

JAN : Non, je viens d'Afrique.

(Elle a l'air de ne pas comprendre.)

De l'autre côté de la mer.

MARTHA : Je sais. *(Un temps.)* Vous y allez souvent ?

20 JAN : Assez souvent.

MARTHA *(elle rêve un moment, mais reprend)* : Quelle est
votre destination ?

JAN : Je ne sais pas. Cela dépendra de beaucoup de choses.

---

3 **la Bohème** un pays historique faisant partie aujourd'hui de la République tchèque
(Böhmen) – 4 **la profession** le métier – 13 **le domicile habituel** l'endroit où on habite
d'habitude – 22 **la destination** l'endroit où on veut aller – 23 **cela dépendra de
beaucoup de choses** on va voir comment s'arrangeront les choses

MARTHA : Vous voulez vous fixer ici ?

JAN : Je ne sais pas. C'est selon ce que j'y trouverai.

MARTHA : Cela ne fait rien. Mais personne ne vous attend ?

JAN : Non, personne, en principe.

5 MARTHA : Je suppose que vous avez une pièce d'identité ?

JAN : Oui, je puis vous la montrer.

MARTHA : Ce n'est pas la peine. Il suffit que j'indique si c'est un passeport ou une carte d'identité.

JAN *(hésitant)* : Un passeport. Le voilà. Voulez-vous le voir ?

10 *Elle l'a pris dans ses mains, et va le lire, mais* MARIA *paraît dans l'encadrement de la porte.*

MARTHA : Non, je ne t'ai pas appelé.

(Il sort. MARTHA *rend à* JAN *le passeport, sans le lire, avec une sorte de distraction.)*

15 Quand vous allez là-bas, vous habitez près de la mer ?

JAN : Oui.

Elle se lève, fait mine de ranger son cahier, puis se ravise et le tient ouvert devant elle.

MARTHA *(avec une dureté soudaine)* : Ah, j'oubliais ! Vous avez
20 de la famille ?

JAN : J'en avais. Mais il y a longtemps que je l'ai quittée.

MARTHA : Non, je veux dire : « Êtes-vous marié ? »

---

1 **se fixer** s'établir, rester – 2 **c'est selon ce que...** cela dépend de ce que... – 5 **une pièce d'identité** *f* un passeport, une carte d'identité etc. – 7 **ce n'est pas la peine** ce n'est pas nécessaire – 11 **l'encadrement** *m* **de la porte** le cadre en bois autour de la porte – 14 **avec une sorte de distraction** sans s'y intéresser – 17 **faire mine** *f* **de** faire comme si – 17 **se raviser** changer d'avis – 19 **avec dureté** *ici* : d'un ton dur

JAN : Pourquoi me demandez-vous cela ? On ne m'a posé cette question dans aucun autre hôtel.

MARTHA : Elle figure dans le questionnaire que nous donne l'administration du canton.

5 JAN : C'est bizarre. Oui, je suis marié. D'ailleurs, vous avez dû voir mon alliance.

MARTHA : Je ne l'ai pas vue. Pouvez-vous me donner l'adresse de votre femme ?

JAN : Elle est restée dans son pays.

10 MARTHA : Ah ! parfait.

(Elle ferme son livre.)

Dois-je vous servir à boire, en attendant que votre chambre soit prête ?

JAN : Non, j'attendrai ici. J'espère que je ne vous gênerai pas.

15 MARTHA : Pourquoi me gêneriez-vous ? Cette salle est faite pour recevoir des clients.

JAN : Oui, mais un client tout seul est quelquefois plus gênant qu'une grande affluence.

MARTHA *(qui range la pièce)* : Pourquoi ? Je suppose que vous
20 n'aurez pas l'idée de me faire des contes. Je ne puis rien donner à ceux qui viennent ici chercher des plaisanteries. Il y a longtemps qu'on l'a compris dans le pays. Et vous verrez bientôt que vous avez choisi une auberge tranquille. Il n'y vient presque personne.

25 JAN : Cela ne doit pas arranger vos affaires.

---

3 **figurer** *ici :* se trouver – 3 **un questionnaire** *ici :* une fiche de l'hôtel que les voyageurs doivent remplir – 6 **une alliance** un anneau que portent les personnes mariées – 18 **une grande affluence** beaucoup de monde – 20 **faire des contes** *mpl* raconter des histoires, flirter – 25 **cela n'arrange pas vos affaires** *fpl* comme cela vous ne gagnez pas beaucoup

MARTHA : Nous y avons perdu quelques recettes, mais gagné notre tranquillité. Et la tranquillité ne se paye jamais assez cher. Au reste, un bon client vaut mieux qu'une pratique bruyante. Ce que nous recherchons, c'est justement le bon
5   client.

JAN : Mais… *(il hésite),* quelquefois, la vie ne doit pas être gaie pour vous ? Ne vous sentez-vous pas très seules ?

MARTHA *(lui faisant face brusquement)* : Écoutez, je vois qu'il me faut vous donner un avertissement. Le voici. En entrant
10   ici, vous n'avez que les droits d'un client. En revanche, vous les recevez tous. Vous serez bien servi et je ne pense pas que vous aurez un jour à vous plaindre de notre accueil. Mais vous n'avez pas à vous soucier de notre solitude, comme vous ne devez pas vous inquiéter de nous gêner, d'être
15   importun ou de ne l'être pas. Prenez toute la place d'un client, elle est à vous de droit. Mais n'en prenez pas plus.

JAN : Je vous demande pardon. Je voulais vous marquer ma sympathie, et mon intention n'était pas de vous fâcher. Il m'a semblé simplement que nous n'étions pas si étrangers
20   que cela l'un à l'autre.

MARTHA : Je vois qu'il me faut vous répéter qu'il ne peut être question de me fâcher ou de ne pas me fâcher. Il me semble que vous vous obstinez à prendre un ton qui ne devrait pas être le vôtre, et j'essaie de vous le montrer. Je vous assure
25   bien que je le fais sans me fâcher. N'est-ce pas notre avantage, à tous les deux, de garder nos distances ? Si vous

---

1 **la recette** *ici :* le revenu, l'argent ≠ la dépense – 3 **au reste** d'ailleurs – 3 **une pratique bruyante** une clientèle qui fait du bruit en parlant et en buvant – 8 **faire face à quelqu'un** se mettre en face de qn – 9 **un avertissement** un conseil – 10 **en revanche** en échange – 14 **importun** *ici :* qui vient au mauvais moment – 16 **elle est à vous de droit** vous y avez droit – 16 **n'en prenez pas plus** [plys] n'allez pas plus loin ; ne demandez pas davantage – 17 **marquer** *ici :* exprimer – 18 **fâcher qn** mettre qn en colère – 19 **nous n'étions pas si étrangers que cela** nous n'étions pas aussi étrangers – 23 **s'obstiner à faire qc** vouloir faire qc à tout prix, ne pas arrêter de faire qc – 25 **n'est-ce pas notre avantage de** est-ce que nous ne ferions pas mieux de

continuiez à ne pas tenir le langage d'un client, cela est fort
simple, nous refuserions de vous recevoir. Mais si, comme je
le pense, vous voulez bien comprendre que deux femmes
qui vous louent une chambre ne sont pas forcées de vous

5   admettre, par surcroît, dans leur intimité, alors, tout ira
bien.

JAN : Cela est évident. Je suis impardonnable de vous avoir
laissé croire que je pouvais m'y tromper.

MARTHA : Il n'y a aucun mal à cela. Vous n'êtes pas le premier
10   qui ait essayé de prendre ce ton. Mais j'ai toujours parlé
assez clairement pour que la confusion devînt impossible.

JAN : Vous parlez clairement, en effet, et je reconnais que je
n'ai plus rien à dire… pour le moment…

MARTHA : Pourquoi ? Rien ne vous empêche de prendre le
15   langage des clients.

JAN : Quel est ce langage ?

MARTHA : La plupart nous parlaient de tout, de leurs voyages
ou de politique, sauf de nous-mêmes. C'est ce que nous
demandons. Il est même arrivé que certains nous aient parlé
20   de leur propre vie et de ce qu'ils étaient. Cela était dans
l'ordre. Après tout, parmi les devoirs pour lesquels nous
sommes payées, entre celui d'écouter. Mais, bien entendu,
le prix de pension ne peut pas comprendre l'obligation pour
l'hôtelier de répondre aux questions. Ma mère le fait
25   quelquefois par indifférence, moi, je m'y refuse par principe.
Si vous avez bien compris cela, non seulement nous serons
d'accord, mais vous vous apercevrez que vous avez encore

---

1 **tenir le langage de qn** parler comme qn – 4 **admettre qn dans** *ici :* laisser entrer qn
dans, participer à – 5 **par surcroît** *m* en plus de cela – 5 **l'intimité** *f* la vie privée – 7 **je
suis impardonnable** j'ai fait une faute qu'on ne pardonne pas – 9 **il n'y a aucun mal
à cela** je vous en prie, cela ne fait rien – 11 **la confusion** l'erreur, le malentendu –
18 **sauf** excepté – 20 **c'est dans l'ordre** *m* c'est permis, c'est normal – 21 **après tout**
finalement – 23 **l'obligation** *f* le devoir – 25 **par indifférence** *f* sans y faire attention –
25 **je m'y refuse** je ne le fais pas

beaucoup de choses à nous dire et vous découvrirez qu'il y a du plaisir, quelquefois, à être écouté quand on parle de soi-même.

JAN : Malheureusement, je ne saurai pas très bien parler de
5 moi-même. Mais, après tout, cela n'est pas utile. Si je ne fais qu'un court séjour, vous n'aurez pas à me connaître. Et si je reste longtemps, vous aurez tout le loisir, sans que je parle, de savoir qui je suis.

MARTHA : J'espère seulement que vous ne me garderez pas
10 une rancune inutile de ce que je viens de dire. J'ai toujours trouvé de l'avantage à montrer les choses telles qu'elles sont, et je ne pouvais vous laisser continuer sur un ton qui, pour finir, aurait gâté nos rapports. Ce que je dis est raisonnable. Puisque, avant ce jour, il n'y avait rien de commun entre
15 nous, il n'y a vraiment aucune raison pour que, tout d'un coup, nous nous trouvions une intimité.

JAN : Je vous ai déjà pardonnée. Je sais, en effet, que l'intimité ne s'improvise pas. Il faut y mettre du temps. Si, maintenant, tout vous semble clair entre nous, il faut bien que je m'en
20 réjouisse.

Entre LA MÈRE.

---

7 **avoir tout le loisir de faire qc** avoir assez de temps pour faire qc – 10 **garder (une) rancune à qn** ne pas pardonner qc à qn ; en vouloir à qn – 11 **trouver de l'avantage** *m* **à faire qc** préférer faire qc – 13 **gâter** rendre mauvais – 16 **se trouver une intimité** avoir qc de commun avec qn

Scène VI

LA MÈRE : Bonjour, Monsieur. Votre chambre est prête.

JAN : Je vous remercie beaucoup, Madame.

LA MÈRE s'assied.

5 LA MÈRE *(à MARTHA)* : Tu as rempli la fiche ?

MARTHA : Oui.

LA MÈRE : Est-ce que je puis voir ? Vous m'excuserez,
Monsieur, mais la police est stricte. Ainsi, tenez, ma fille a
omis de noter si vous êtes venu ici pour des raisons de santé,
10   pour votre travail ou en voyage touristique.

JAN : Je suppose qu'il s'agit de tourisme.

LA MÈRE : À cause du cloître sans doute ? On dit beaucoup de
bien de notre cloître.

JAN : On m'en a parlé, en effet. J'ai voulu aussi revoir cette
15   région que j'ai connue autrefois, et dont j'avais gardé le
meilleur souvenir.

MARTHA : Vous y avez habité ?

JAN : Non, mais, il y a très longtemps, j'ai eu l'occasion de
passer par ici. Je ne l'ai pas oublié.

20 LA MÈRE : C'est pourtant un bien petit village que le nôtre.

JAN : C'est vrai. Mais je m'y plais beaucoup. Et, depuis que j'y
suis, je me sens un peu chez moi.

LA MÈRE : Vous allez y rester longtemps ?

JAN : Je ne sais pas. Cela vous paraît bizarre, sans doute. Mais,
25   vraiment, je ne sais pas. Pour rester dans un endroit, il faut

---

5 **la fiche** le questionnaire – 8 **stricte** sévère – 8 **omettre** oublier, manquer – 9 **la santé**
≠ la maladie – 12 **le cloître** le monastère (Kloster)

33

avoir ses raisons – des amitiés, l'affection de quelques êtres. Sinon, il n'y a pas de motif de rester là plutôt qu'ailleurs. Et, comme il est difficile de savoir si l'on sera bien reçu, il est naturel que j'ignore encore ce que je ferai.

5 MARTHA : Cela ne veut pas dire grand-chose.

JAN : Oui, mais je ne sais pas mieux m'exprimer.

LA MÈRE : Allons, vous serez vite fatigué.

JAN : Non, j'ai un cœur fidèle, et je me fais vite des souvenirs, quand on m'en donne l'occasion.

10 MARTHA *(avec impatience)* : Le cœur n'a rien à faire ici.

JAN *(sans paraître avoir entendu, à LA MÈRE)* : Vous paraissez bien désabusée. Il y a donc si longtemps que vous habitez cet hôtel ?

LA MÈRE : Il y a des années et des années de cela. Tellement
15 d'années que je n'en sais plus le commencement et que j'ai oublié ce que j'étais alors. Celle-ci est ma fille.

MARTHA : Mère, vous n'avez pas de raison de raconter ces choses.

LA MÈRE : C'est vrai, Martha.

20 JAN *(très vite)* : Laissez donc. Je comprends si bien votre sentiment, Madame. C'est celui qu'on trouve au bout d'une vie de travail. Mais peut-être tout serait-il changé si vous aviez été aidée comme doit l'être toute femme et si vous aviez reçu l'appui d'un bras d'homme.

25 LA MÈRE : Oh ! je l'ai reçu dans le temps, mais il y avait trop à faire. Mon mari et moi y suffisions à peine. Nous n'avions

---

1 **l'affection** f l'amour – 1 **sinon** si ce n'est pas le cas, autrement – 4 **ignorer** ne pas savoir – 12 **paraître désabusé** sembler ne plus avoir d'illusions – 14 **tellement** *ici :* tant – 24 **l'appui** *m* l'aide, le support, le soutien – 25 **dans le temps** autrefois – 26 **nous y suffisions à peine** nous arrivions à peine à faire ce travail

même pas le temps de penser l'un à l'autre et, avant même qu'il fût mort, je crois que je l'avais oublié.

JAN : Oui, je comprends cela. Mais… *(avec un temps d'hésitation)* un fils qui vous aurait prêté son bras, vous ne
5   l'auriez peut-être pas oublié ?

MARTHA : Mère, vous savez que nous avons beaucoup à faire.

LA MÈRE : Un fils ! Oh, je suis une trop vieille femme ! Les vieilles femmes désapprennent même d'aimer leur fils. Le cœur s'use, Monsieur.

10 JAN : Il est vrai. Mais je sais qu'il n'oublie jamais.

MARTHA *(se plaçant entre eux et avec décision)* : Un fils qui entrerait ici trouverait ce que n'importe quel client est assuré d'y trouver : une indifférence bienveillante. Tous les hommes que nous avons reçus s'en sont accommodés. Ils
15   ont payé leur chambre et reçu une clé. Ils n'ont pas parlé de leur cœur. *(Un temps.)* Cela simplifiait notre travail.

LA MÈRE : Laisse cela.

JAN *(réfléchissant)* : Et sont-ils restés longtemps ainsi ?

MARTHA : Quelques-uns très longtemps. Nous avons fait ce
20   qu'il fallait pour qu'ils restent. D'autres, qui étaient moins riches, sont partis le lendemain. Nous n'avons rien fait pour eux.

JAN : J'ai beaucoup d'argent et je désire rester un peu dans cet hôtel, si vous m'y acceptez. J'ai oublié de vous dire que je
25   pouvais payer d'avance.

LA MÈRE : Oh, ce n'est pas cela que nous demandons !

---

4 **prêter son bras à qn** aider, soutenir qn – 8 **désapprendre qc** oublier ce qu'on a appris, perdre l'habitude de qc – 8 **le cœur s'use** les sentiments deviennent moins forts, l'affection diminue – 12 **assuré** *ici :* sûr – 13 **une indifférence bienveillante** un accueil impersonnel, mais poli – 14 **s'accommoder de qc** se contenter de qc, accepter qc – 16 **simplifier** rendre plus simple, faciliter

MARTHA : Si vous êtes riche, cela est bien. Mais ne parlez plus de votre cœur. Nous ne pouvons rien pour lui. J'ai failli vous demander de partir, tant votre ton me lassait. Prenez votre clé, assurez-vous de votre chambre. Mais sachez que vous
5 êtes dans une maison sans ressources pour le cœur. Trop d'années grises ont passé sur ce petit village et sur nous. Elles ont peu à peu refroidi cette maison. Elles nous ont enlevé le goût de la sympathie. Je vous le dis encore, vous n'aurez rien ici qui ressemble à de l'intimité. Vous aurez ce
10 que nous réservons toujours à nos rares voyageurs, et ce que nous leur réservons n'a rien à voir avec les passions du cœur. Prenez votre clé *(elle la lui tend)*, et n'oubliez pas ceci : nous vous accueillons, par intérêt, tranquillement, et, si nous vous conservons, ce sera par intérêt, tranquillement.

15 *Il prend la clé ; elle sort, il la regarde sortir.*

LA MÈRE : N'y faites pas trop attention, Monsieur. Mais il est vrai qu'il y a des sujets qu'elle n'a jamais pu supporter.

Elle se lève et il veut l'aider.

Laissez, mon fils, je ne suis pas infirme. Voyez ces mains qui
20 sont encore fortes. Elles pourraient maintenir les jambes d'un homme.

Un temps. Il regarde sa clé.

Ce sont mes paroles qui vous donnent à réfléchir ?

JAN : Non, pardonnez-moi, je vous ai à peine entendue. Mais
25 pourquoi m'avez-vous appelé « mon fils » ?

---

2 **nous ne pouvons rien pour lui** nous ne pouvons pas l'aider (quant à son cœur) –
2 **faillir faire qc** [fajiʀ] être sur le point de faire qc – 5 **des ressources** *fpl* pour le
cœur la consolation, la chaleur humaine – 7 **refroidir** rendre froid – 8 **le goût** *ici :*
le sentiment, la notion – 10 **réserver** *ici :* offrir – 11 **les passions** *fpl* **du cœur** *ici :*
les joies et les peines du cœur – 13 **par intérêt** *m ici :* pour gagner de l'argent –
13 **tranquillement** [tʀɑ̃kilmɑ̃] *ici :* sans arrière-pensée – 17 **un sujet** *ici :* un sujet de
conversation – 19 **infirme** malade, souffrant – 20 **maintenir** *ici :* tenir avec force,
soutenir

LA MÈRE : Oh, je suis confuse ! Ce n'était pas par familiarité, croyez-le. C'était une manière de parler.

JAN : Je comprends. *(Un temps.)* Puis-je monter dans ma chambre ?

5 LA MÈRE : Allez, Monsieur. Le vieux domestique vous attend dans le couloir.

Il la regarde et veut parler.

Avez-vous besoin de quelque chose ?

JAN *(hésitant)* : Non, Madame. Mais… je vous remercie de
10   votre accueil.

---

1 **je suis confuse** *ici :* excusez-moi, je ne sais plus ce que je dis – 1 **ce n'était pas par familiarité** *f* je ne voulais pas être trop intime avec vous

Scène VII

LA MÈRE est seule. Elle se rassied, pose ses mains sur la table, et les contemple.

LA MÈRE : Pourquoi lui avoir parlé de mes mains ? Si,
5   pourtant, il les avait regardées, peut-être aurait-il compris ce que lui disait Martha. Il aurait compris, il serait parti. Mais il ne comprend pas. Mais il veut mourir. Et moi je voudrais seulement qu'il s'en aille pour que je puisse, encore ce soir, me coucher et dormir. Trop vieille ! Je suis trop vieille pour
10   refermer à nouveau mes mains autour de ses chevilles et contenir le balancement de son corps, tout le long du chemin qui mène à la rivière. Je suis trop vieille pour ce dernier effort qui le jettera dans l'eau et qui me laissera les bras ballants, la respiration coupée et les muscles noués,
15   sans force pour essuyer sur ma figure l'eau qui aura jailli sous le poids du dormeur. Je suis trop vieille ! Allons, allons ! la victime est parfaite. Je dois lui donner le sommeil que je souhaitais pour ma propre nuit. Et c'est…

Entre brusquement MARTHA.

---

3 **contempler** regarder attentivement – 6 **ce que disait Martha** voir Scène IV, page 35, ligne 19 (Quelques-uns très longtemps. etc.) – 10 **une cheville** [ʃəvij] la partie entre la jambe et le pied (Knöchel) – 10 **contenir** *ici :* supporter – 12 **je suis trop vieille pour ce dernier effort qui le jettera… et qui me laissera…** je suis trop vieille pour faire le dernier effort qu'il faut pour le jeter… et qui m'ôtera toutes les forces de sorte que je resterai là… – 14 **les bras ballants** avec les bras qui pendent – 14 **la respiration coupée** hors d'haleine – 14 **les muscles noués** avec des crampes aux bras (mit verkrampften Muskeln) – 15 **jaillir** [ʒajiʀ] *ici :* sortir – 17 **la victime est parfaite** la victime est celle qu'il nous faut

Scène VIII

MARTHA : À quoi rêvez-vous encore ? Vous savez pourtant que nous avons beaucoup à faire.

LA MÈRE : Je pensais à cet homme. Ou plutôt, je pensais à
5   moi.

MARTHA : Il vaut mieux penser à demain. Soyez positive.

LA MÈRE : C'est le mot de ton père, Martha, je le reconnais. Mais je voudrais être sûre que c'est la dernière fois que nous serons obligées d'être positives. Bizarre ! Lui disait cela pour
10   chasser la peur du gendarme et toi, tu en uses seulement pour dissiper la petite envie d'honnêteté qui vient de me venir.

MARTHA : Ce que vous appelez une envie d'honnêteté, c'est seulement une envie de dormir. Suspendez votre fatigue
15   jusqu'à demain et, ensuite, vous pourrez vous laisser aller.

LA MÈRE : Je sais que tu as raison. Mais avoue que ce voyageur ne ressemble pas aux autres.

MARTHA : Oui, il est trop distrait, il exagère l'allure de l'innocence. Que deviendrait le monde si les condamnés se
20   mettaient à confier au bourreau leurs peines de cœur ? C'est un principe qui n'est pas bon. Et puis son indiscrétion m' irrite. Je veux en finir.

LA MÈRE : C'est cela qui n'est pas bon. Auparavant, nous n'apportions ni colère ni compassion à notre travail ; nous
25   avions l'indifférence qu'il fallait. Aujourd'hui, moi, je suis fatiguée, et te voilà irritée. Faut-il donc s'entêter quand les

---

6 **soyez positive** *ici* : voyez les choses telles qu'elles sont ; ne rêvez pas – 11 **dissiper** chasser, supprimer – 14 **suspendre** remettre à plus tard – 18 **il exagère l'allure de l'innocence** *f ici* : il montre trop de naïveté – 19 **les condamnés** [kɔ̃dɑne] *mpl ici* : ceux qui sont condamnés à mort – 20 **confier qc à qn** raconter en toute confiance qc à qn – 20 **un bourreau** un homme qui exécute les condamnés à mort (Henker) – 21 **l'indiscrétion** *f ici* : la curiosité – 21 **irriter qn** mettre qn en colère – 24 **la compassion** la pitié – 26 **s'entêter** s'obstiner, vouloir faire qc à tout prix (auf etwas bestehen)

choses se présentent mal et passer par-dessus tout pour un peu plus d'argent ?

MARTHA : Non, pas pour l'argent, mais pour l'oubli de ce pays et pour une maison devant la mer. Si vous êtes fatiguée de
5   votre vie, moi, je suis lasse à mourir de cet horizon fermé, et je sens que je ne pourrai pas y vivre un mois de plus. Nous sommes toutes deux excédées de cette auberge, et vous, qui êtes vieille, voulez seulement fermer les yeux et oublier. Mais moi, qui me sens encore dans le cœur un peu des
10 désirs de mes vingt ans, je veux faire en sorte de les quitter pour toujours, même si, pour cela, il faut entrer un peu plus avant dans la vie que nous voulons déserter. Et il faut bien que vous m'y aidiez, vous qui m'avez mise au monde dans un pays de nuages et non sur une terre de soleil !

15 LA MÈRE : Je ne sais pas, Martha, si, dans un sens, il ne vaudrait pas mieux, pour moi, être oubliée comme je l'ai été par ton frère, plutôt que de m'entendre parler sur ce ton.

MARTHA : Vous savez bien que je ne voulais pas vous peiner. *(Un temps, et farouche.)* Que ferais-je sans vous à mes côtés,
20 que deviendrais-je loin de vous ? Moi, du moins, je ne saurais pas vous oublier et, si le poids de cette vie me fait quelquefois manquer au respect que je vous dois, je vous en demande pardon.

LA MÈRE : Tu es une bonne fille et j'imagine aussi qu'une
25 vieille femme est parfois difficile à comprendre. Mais je veux profiter de ce moment pour te dire cela que, depuis tout à l'heure, j'essaie de te dire : pas ce soir…

---

1 **passer par-dessus tout** ne plus faire attention aux autres choses – 5 **je suis lasse à mourir** je suis tellement lasse que j'aimerais mourir – 7 **être excédé de** être fatigué de – 10 **je veux faire en sorte de les quitter pour toujours** je veux enfin réaliser mes désirs – 12 **déserter** abandonner, quitter, fuir – 15 **dans un sens** [sɑ̃s] *ici :* en vérité – 17 **plutôt que de m'entendre parler sur ce ton** au lieu d'être obligée d'entendre qu'on me parle sur ce ton – 18 **peiner qn** faire de la peine à qn – 19 **farouche** passionné, violent

MARTHA : Eh quoi ! nous attendrons demain ? Vous savez
bien que nous n'avons jamais procédé ainsi, qu'il ne faut pas
lui laisser le temps de voir du monde qu'il faut agir pendant
que nous l'avons sous la main.

5 LA MÈRE : Je ne sais pas. Mais pas ce soir. Laissons-lui cette
nuit. Donnons-nous ce sursis C'est par lui peut-être que
nous nous sauverons.

MARTHA : Nous n'avons que faire d'être sauvées, ce langage
est ridicule. Tout ce que vous pouvez espérer, c'est d'obtenir,
10 en travaillant ce soir, le droit de vous endormir ensuite.

LA MÈRE : C'était cela que j'appelais être sauvée : dormir

MARTHA : Alors, je vous le jure, ce salut est entre nos mains.
Mère, nous devons nous décider. Ce sera ce soir ou ce ne
sera pas.

15 *Rideau.*

---

2 **procéder** agir, opérer – 4 **avoir sous la main** avoir à sa disposition – 6 **un sursis**
[syʀsi] la remise d'une action à plus tard (Aufschub) – 7 **se sauver** *ici :* trouver son
salut – 8 **nous n'avons que faire d'être sauvées** cela ne nous apportera rien que d'être
sauvées – 12 **le salut** le fait d'être sauvé

Acte II

Scène I

La chambre. Le soir commence à entrer dans la pièce. JAN regarde par la fenêtre.

5 JAN : Maria a raison, cette heure est difficile. *(Un temps.)* Que fait-elle, que pense-t-elle dans sa chambre d'hôtel, le cœur fermé, les yeux secs, toute nouée au creux d'une chaise ? Les soirs de là-bas sont des promesses de bonheur. Mais ici, au contraire…

10 *(Il regarde la chambre.)*

Allons, cette inquiétude est sans raisons. Il faut savoir ce que l'on veut. C'est dans cette chambre que tout sera réglé.

On frappe brusquement. Entre MARTHA.

MARTHA : J'espère, Monsieur, que je ne vous dérange pas. Je
15 voudrais changer vos serviettes et votre eau.

JAN : Je croyais que cela était fait.

MARTHA : Non, le vieux domestique a quelquefois des distractions.

JAN : Cela n'a pas d'importance. Mais j'ose à peine vous dire
20 que vous ne me dérangez pas.

MARTHA : Pourquoi ?

JAN : Je ne suis pas sûr que cela soit dans nos conventions.

MARTHA : Vous voyez bien que vous ne pouvez pas répondre comme tout le monde.

---

5 **cette heure est difficile** ce moment de la séparation est pénible – 6 **le cœur fermé** le cœur serré – 7 **nouée au creux d'une chaise** repliée sur elle-même (zusammengekauert auf einem Stuhl) – 8 **là-bas** *ici* : l'Afrique – 17 **il a des distractions** *fpl* il oublie qc – 22 **les conventions** *fpl ici* : les règles à respecter

JAN *(il sourit)* : Il faut bien que je m'y habitue. Laissez-moi un peu de temps.

MARTHA *(qui travaille)* : Vous partez bientôt. Vous n'aurez le temps de rien.

5 *Il se détourne et regarde par la fenêtre. Elle l'examine. Il a toujours le dos tourné. Elle parle en travaillant.*

Je regrette, Monsieur, que cette chambre ne soit pas aussi confortable que vous pourriez le désirer.

JAN : Elle est particulièrement propre, c'est le plus important.
10 Vous l'avez d'ailleurs récemment transformée, n'est-ce pas ?

MARTHA : Oui. Comment le voyez-vous ?

JAN : À des détails.

MARTHA : En tout cas, bien des clients regrettent l'absence d'eau courante et l'on ne peut pas vraiment leur donner tort.
15 Il y a longtemps aussi que nous voulions faire placer une ampoule électrique au-dessus du lit. Il est désagréable, pour ceux qui lisent au lit, d'être obligés de se lever pour tourner le commutateur.

JAN *(il se retourne)* : En effet, je ne l'avais pas remarqué. Mais
20 ce n'est pas un gros ennui.

MARTHA : Vous êtes très indulgent. Je me félicite que les nombreuses imperfections de notre auberge vous soient indifférentes. J'en connais d'autres qu'elles auraient suffi à chasser.

---

10 **récemment** [ʀesamɑ̃] il y a peu de temps – 14 **donner tort à qn** ≠ donner raison à qn – 15 **une ampoule** *ici :* la partie d'une lampe en forme de poire et d'où vient la lumière – 18 **un commutateur** *ici :* une installation qui permet d'allumer ou d'éteindre une lampe électrique – 21 **être indulgent** *ici :* être bien modeste – 21 **je me félicite** *ici :* je suis content – 22 **les imperfections** *fpl* les manques, les choses qui ne sont pas parfaites – 23 **j'en connais d'autres qu'elles auraient suffi à chasser** je connais d'autres voyageurs qui à cause d'elles ne seraient pas restés

JAN : Malgré nos conventions, laissez-moi vous dire que vous êtes singulière. Il me semble, en effet, que ce n'est pas le rôle de l'hôtelier de mettre en valeur les défectuosités de son installation. On dirait, vraiment, que vous cherchez à me
5 persuader de partir.

MARTHA : Ce n'est pas tout à fait ma pensée. *(Prenant une décision.)* Mais il est vrai que ma mère et moi hésitions beaucoup à vous recevoir.

JAN : J'ai pu remarquer au moins que vous ne faisiez pas
10 beaucoup pour me retenir. Mais je ne comprends pas pourquoi. Vous ne devez pas douter que je suis solvable et je ne donne pas l'impression, j'imagine, d'un homme qui a quelque méfait à se reprocher.

MARTHA : Non, ce n'est pas cela. Vous n'avez rien du
15 malfaiteur. Notre raison est ailleurs. Nous devons quitter cet hôtel, et depuis quelque temps, nous projetions chaque jour de fermer l'établissement pour commencer nos préparatifs. Cela nous était facile, il nous vient rarement des clients. Mais c'est avec vous que nous comprenons à quel point
20 nous avions abandonné l'idée de reprendre notre ancien métier.

JAN : Avez-vous donc envie de me voir partir ?

MARTHA : Je vous l'ai dit, nous hésitons et, surtout, j'hésite. En fait, tout dépend de moi et je ne sais encore à quoi me
25 décider.

JAN : Je ne veux pas vous être à charge, ne l'oubliez pas, et je ferai ce que vous voudrez. Je dois dire cependant que cela m' arrangerait de rester encore un ou deux jours. J'ai des

---

3 **mettre qc en valeur** *f* souligner qc, faire remarquer qc – 3 **les défectuosités** *fpl* **de son installation** *f ici :* le manque de confort dans sa maison – 11 **être solvable** avoir assez d'argent pour payer – 13 **le méfait** la mauvaise action, le crime – 14 **un malfaiteur** un homme qui fait du mal ; ≠ un bienfaiteur – 16 **projeter qc** avoir l'intention de faire qc – 17 **l'établissement** *m ici :* la maison, l'hôtel – 19 **c'est avec vous** *ici :* depuis que vous êtes là – 19 **à quel point** *ici :* combien – 26 **être à charge de qn** gêner qn – 27 **cela m'arrangerait de rester** j'aimerais bien rester

affaires à mettre en ordre, avant de reprendre mes voyages, et j'espérais trouver ici la tranquillité et la paix qu'il me fallait.

MARTHA : Je comprends votre désir, croyez-le bien, et, si vous
5   le voulez, j'y penserai encore.

Un temps. Elle fait un pas indécis vers la porte.

Allez-vous donc retourner au pays d'où vous venez ?

JAN : Peut-être.

MARTHA : C'est un beau pays, n'est-ce pas ?

10 JAN *(il regarde par la fenêtre)* : Oui, c'est un beau pays.

MARTHA : On dit que, dans ces régions, il y a des plages tout à fait désertes ?

JAN : C'est vrai. Rien n'y rappelle l'homme. Au petit matin, on trouve sur le sable les traces laissées par les pattes des
15 oiseaux de mer. Ce sont les seuls signes de vie. Quant aux soirs…

Il s'arrête.

MARTHA *(doucement)* : Quant aux soirs, Monsieur ?

JAN : Ils sont bouleversants. Oui, c'est un beau pays.

20 MARTHA *(avec un nouvel accent)* : J'y ai souvent pensé. Des voyageurs m'en ont parlé, j'ai lu ce que j'ai pu. Souvent, comme aujourd'hui, au milieu de l'aigre printemps de ce pays, je pense à la mer et aux fleurs de là-bas. *(Un temps, puis, sourdement.)* Et ce que j'imagine me rend aveugle à
25 tout ce qui m'entoure.

Il la regarde avec attention, s'assied doucement devant elle.

---

6 **indécis** [ɛ̃desi] ≠ décidé – 12 **désert** vide, sans personne – 13 **rappeler qn** *ici :* faire penser à qn – 13 **au petit matin** quand le jour se lève – 19 **bouleversant** très troublant ; qui cause de grandes émotions – 22 **aigre** *ici :* désagréable – 24 **sourdement** d'une voix étouffée (dumpf) – 24 **aveugle** [avœgl] qui ne peut pas voir

JAN : Je comprends cela. Le printemps de là-bas vous prend à la gorge, les fleurs éclosent par milliers au-dessus des murs blancs. Si vous vous promeniez une heure sur les collines qui entourent ma ville, vous rapporteriez dans vos
5   vêtements l'odeur de miel des roses jaunes.

Elle s'assied aussi.

MARTHA : Cela est merveilleux. Ce que nous appelons le printemps, ici, c'est une rose et deux bourgeons qui viennent de pousser dans le jardin du cloître. *(Avec mépris.)*
10   Cela suffit à remuer les hommes de mon pays. Mais leur cœur ressemble à cette rose avare. Un souffle plus puissant les fanerait, ils ont le printemps qu'ils méritent.

JAN : Vous n'êtes pas tout à fait juste. Car vous avez aussi l'automne.

15 MARTHA : Qu'est-ce que l'automne ?

JAN : Un deuxième printemps, où toutes les feuilles sont comme des fleurs.

(Il la regarde avec insistance.)

Peut-être en est-il ainsi des êtres que vous verriez fleurir, si
20   seulement vous les aidiez de votre patience.

MARTHA : Je n'ai plus de patience en réserve pour cette Europe où l'automne a le visage de printemps et le printemps odeur de misère. Mais j'imagine avec délices cet autre pays où l'été écrase tout, où les pluies d'hiver noient
25   les villes et où, enfin, les choses sont ce qu'elles sont.

---

1 **vous prend à la gorge** vous coupe le souffle – 2 **éclore** [eklɔʀ] s'ouvrir – 3 **une colline** une petite montagne – 5 **le miel** [mjɛl] ce que produisent les abeilles (Honig) – 8 **un bourgeon** un bouton à la branche d'un arbre qui renferme une nouvelle fleur ou feuille – 9 **le mépris** [mepʀi] ≠ le respect – 10 **remuer** *ici :* toucher, faire naître des émotions – 11 **avare** *ici :* qui n'arrive pas à s'ouvrir entièrement – 12 **faner qn** rendre qn sec et insensible – 18 **avec insistance** *f* fixement – 23 **avec délices** *m* avec un plaisir extrême – 24 **écraser qc** détruire qc en appuyant dessus – 24 **noyer** *ici :* couvrir d'eau

Un silence. Il la regarde avec de plus en plus de curiosité. Elle s'en aperçoit et se lève brusquement.

MARTHA : Pourquoi me regardez-vous ainsi ?

JAN : Pardonnez-moi, mais puisque, en somme, nous venons
5   de laisser nos conventions, je puis bien vous le dire : il me
semble que, pour la première fois, vous venez de me tenir
un langage humain.

MARTHA *(avec violence)* : Vous vous trompez sans doute. Si
même cela était, vous n'auriez pas de raison de vous en
10   réjouir. Ce que j'ai d'humain n'est pas ce que j'ai de meilleur.
Ce que j'ai d'humain, c'est ce que je désire, et pour obtenir
ce que je désire, je crois que j'écraserais tout sur mon
passage.

JAN *(il sourit)* : Ce sont des violences que je peux comprendre.
15   Je n'ai pas besoin de m'en effrayer puisque je ne suis pas
obstacle sur votre chemin. Rien ne me pousse à m'opposer à
vos désirs.

MARTHA : Vous n'avez pas de raisons de vous y opposer, cela
est sûr. Mais vous n'en avez pas non plus de vous y prêter et,
20   dans certains cas, cela peut tout précipiter.

JAN : Qui vous dit que je n'ai pas de raisons de m'y prêter ?

MARTHA : Le bon sens, et le désir où je suis de vous tenir en
dehors des mes projets.

JAN : Si je comprends bien, nous voilà revenus à nos
25   conventions.

MARTHA : Oui, et nous avons eu tort de nous en écarter, vous
le voyez bien. Je vous remercie seulement de m'avoir parlé

---

4 **en somme** en fait – 7 **tenir un langage humain** *ici :* parler d'une façon humaine –
12 **sur mon passage** sur mon chemin – 15 **s'effrayer de qc** avoir peur de qc – 15 **un
obstacle** qc qui empêche de continuer son chemin – 19 **se prêter à qc** accepter
qc, consentir à qc – 20 **précipiter** accélérer – 22 **le bon sens** [sɑ̃s] *ici :* la sagesse –
26 **s'écarter de qc** s'éloigner de qc

des pays que vous connaissez et je m'excuse de vous avoir peut-être fait perdre votre temps.

Elle est déjà près de la porte.

Je dois dire cependant que, pour ma part, ce temps n'a pas été tout à fait perdu. Il a réveillé en moi des désirs qui, peut-être, s'endormaient. S'il est vrai que vous teniez à rester ici, vous avez, sans le savoir, gagné votre cause. J'étais venue presque décidée à vous demander de partir, mais, vous le voyez, vous en avez appelé à ce que j'ai d'humain, et je souhaite maintenant que vous restiez. Mon goût pour la mer et les pays du soleil finira par y gagner.

Il la regarde un moment en silence.

JAN *(lentement)* : Votre langage est bien étrange. Mais je resterai, si je le puis, et si votre mère non plus n'y voit pas d' inconvénient.

MARTHA : Ma mère a des désirs moins forts que les miens, cela est naturel. Elle n'a donc pas les mêmes raisons que moi de souhaiter votre présence. Elle ne pense pas assez à la mer et aux plages sauvages pour admettre qu'il faille que vous restiez. C'est une raison qui ne vaut que pour moi. Mais, en même temps, elle n'a pas de motifs assez forts à m'opposer, et cela suffit à régler la question.

JAN : Si je comprends bien, l'une de vous m'admettra par intérêt et l'autre par indifférence ?

MARTHA : Que peut demander de plus un voyageur ?

Elle ouvre la porte.

---

7 **gagner sa cause** [koz] obtenir ce qu'on veut – 9 **vous en avez appelé à ce que...** vous avez réveillé en moi ce que... – 10 **le goût pour qc** *ici :* la passion pour qc – 11 **finira par y gagner** en profitera – 14 **si votre mère n'y voit pas d'inconvénient** [ɛ̃kɔ̃venjɑ̃] si cela ne dérange pas votre mère – 19 **pour admettre** pour être d'avis – 23 **l'une... m'admettra** l'une... m'acceptera, me prendra, me gardera

JAN : Il faut donc m'en réjouir. Mais sans doute comprendrez-vous que tout ici me paraisse singulier, le langage et les êtres. Cette maison est vraiment étrange.

MARTHA : Peut-être est-ce seulement que vous vous y
5   conduisez de façon étrange.

Elle sort.

Scène II

JAN *(regardant vers la porte)* : Peut-être, en effet…

(Il va vers le lit et s'y assied.)

Mais cette fille me donne seulement le désir de partir, de
5   retrouver Maria et d'être encore heureux. Tout cela est
stupide. Qu'est-ce que je fais ici ? Mais non, j'ai la charge de
ma mère et de ma sœur. Je les ai oubliées trop longtemps.

(Il se lève.)

Oui, c'est dans cette chambre que tout sera réglé. Qu'elle est
10   froide, cependant ! Je n'en reconnais rien, tout a été mis à
neuf. Elle ressemble maintenant à toutes les chambres
d'hôtel de ces villes étrangères où des hommes seuls
arrivent chaque nuit. J'ai connu cela aussi. Il me semblait
alors qu'il y avait une réponse à trouver. Peut-être la
15   recevrai-je ici.

(Il regarde au dehors.)

Le ciel se couvre. Et voici maintenant ma vieille angoisse, là,
au creux de mon corps, comme une mauvaise blessure que
chaque mouvement irrite. Je connais son nom. Elle est peur
20   de la solitude éternelle, crainte qu'il n'y ait pas de réponse.
Et qui répondrait dans une chambre d'hôtel ?

*Il s'est avancé vers la sonnette. Il hésite, puis il sonne. On
n'entend rien. Un moment de silence, des pas, on frappe un
coup. La porte s'ouvre. Dans l'encadrement, se tient LE VIEUX*
25   *DOMESTIQUE. Il reste immobile et silencieux.*

---

6 **avoir la charge de qn** avoir qn à charge, devoir s'occuper de qn – 17 **l'angoisse** *f*
l'anxiété – 18 **le creux du corps** [kɔʀ] *ici :* l'estomac – 19 **que chaque mouvement irrite**
qui fait mal à chaque mouvement – 22 **une sonnette** une petite cloche (pour appeler le
garçon ou la femme de chambre) – 24 **frapper un coup** frapper une fois

JAN : Ce n'est rien. Excusez-moi. Je voulais savoir seulement si quelqu'un répondait, si la sonnerie fonctionnait.

LE VIEUX le regarde, puis ferme la porte. Les pas s'éloignent.

---

2 **une sonnerie** *ici :* une sonnette

Scène III

JAN : La sonnerie fonctionne, mais lui ne parle pas. Ce n'est pas une réponse.

(Il regarde le ciel.)

5 Que faire ?

On frappe deux coups. La sœur entre avec un plateau.

6 **le plateau** dans les cafés, les garçons apportent les boissons sur un plateau (Tablett)

Scène IV

JAN : Qu'est-ce que c'est ?

MARTHA : Le thé que vous avez demandé.

JAN : Je n'ai rien demandé.

5 MARTHA : Ah ? Le vieux aura mal entendu. Il comprend
souvent à moitié.

(Elle met le plateau sur la table. JAN fait un geste.)

Dois-je le remporter ?

JAN : Non, non, je vous remercie au contraire.

10 *Elle le regarde. Elle sort.*

Scène V

Il prend la tasse, la regarde, la pose à nouveau.

JAN : Un verre de bière, mais contre mon argent ; une tasse de
thé, et par mégarde.

5 *(Il prend la tasse et la tient un moment en silence. Puis
sourdement.)*

O mon Dieu ! donnez-moi de trouver mes mots ou faites que
j'abandonne cette vaine entreprise pour retrouver l'amour
de Maria. Donnez-moi alors la force de choisir ce que je
10 préfère et de m'y tenir.

(Il rit.)

Allons faisons honneur au festin du prodigue !

Il boit. On frappe fortement à la porte.

Eh bien ?

15 *La porte s'ouvre. Entre* LA MÈRE.

---

4 **par mégarde** *f* par erreur – 8 **cette vaine entreprise** ce projet qui ne mène à rien –
12 **un festin** un banquet, un grand repas

Scène VI

LA MÈRE : Pardonnez-moi, Monsieur, ma fille me dit qu'elle vous a donné du thé.

JAN : Vous voyez.

5 LA MÈRE : Vous l'avez bu ?

JAN : Oui, pourquoi ?

LA MÈRE : Excusez-moi, je vais enlever le plateau.

JAN *(il sourit)* : Je regrette de vous avoir dérangée.

LA MÈRE : Ce n'est rien. En réalité, ce thé ne vous était pas
10 destiné.

JAN : Ah ! c'est donc cela. Votre fille me l'a apporté sans que je l'aie commandé.

LA MÈRE *(avec une sorte de lassitude)* : Oui, c'est cela. Il eût mieux valu…

15 JAN *(surpris)* : Je le regrette, croyez-le, mais votre fille a voulu me le laisser quand même et je n'ai pas cru…

LA MÈRE : Je le regrette aussi. Mais ne vous excusez pas. Il s'agit seulement d'une erreur.

Elle range le plateau et va sortir.

20 JAN : Madame !

LA *Mère:* Oui.

JAN : Je viens de prendre une décision : je crois que je partirai ce soir, après le dîner. Naturellement, je vous paierai la chambre.

25 *Elle le regarde en silence.*

---

9 **être destiné à qn** être pour qn

Je comprends que vous paraissiez surprise. Mais ne croyez pas surtout que vous soyez responsable de quelque chose. Je ne me sens pour vous que des sentiments de sympathie, et même de grande sympathie. Mais pour être sincère, je ne
5 suis pas à mon aise ici, je préfère ne pas prolonger mon séjour.

LA MÈRE *(lentement)* : Cela ne fait rien, Monsieur. En principe, vous êtes tout à fait libre. Mais, d'ici le dîner, vous changerez peut-être d'avis. Quelquefois, on obéit à l'
10 impression du moment et puis les choses s'arrangent et l'on finit par s'habituer.

JAN : Je ne crois pas, Madame. Je ne voudrais cependant pas que vous imaginiez que je pars mécontent. Au contraire, je vous suis très reconnaissant de m'avoir accueilli comme
15 vous l'avez fait.

(Il hésite.)

Il m'a semblé sentir chez vous une sorte de bienveillance à mon égard.

LA MÈRE : C'était tout à fait naturel, Monsieur. Je n'avais pas
20 de raisons personnelles de vous marquer de l'hostilité.

JAN *(avec une émotion contenue)* : Peut-être, en effet. Mais si je vous dis cela, c'est que je désire vous quitter en bons termes. Plus tard, peut-être, je reviendrai. J'en suis même sûr. Mais pour l'instant, j'ai le sentiment de m'être trompé et
25 de n'avoir rien à faire ici. Pour tout vous dire, j'ai l'impression pénible que cette maison n'est pas la mienne.

Elle le regarde toujours.

---

5 **je ne suis pas à mon aise** *f* **ici** je ne me plais pas ici – 5 **prolonger son séjour** rester encore quelques jours – 8 **d'ici le dîner** jusqu'au dîner – 9 **obéir à l'impression** *f* **du moment** agir sans réfléchir – 18 **à mon égard** *m* pour moi ; en ce qui me concerne – 20 **marquer de l'hostilité à qn** montrer qu'on n'aime pas qn – 21 **contenir** *ici :* retenir – 22 **en bons termes** *ici :* en gardant un bon souvenir

LA MÈRE : Oui, bien sûr. Mais d'ordinaire, ce sont des choses
   qu'on sent tout de suite.

JAN : Vous avez raison. Voyez-vous, je suis un peu distrait. Et
   puis ce n'est jamais facile de revenir dans un pays que l'on a
5   quitté depuis longtemps. Vous devez comprendre cela.

LA MÈRE : Je vous comprends, Monsieur, et j'aurais voulu que
   les choses s'arrangent pour vous. Mais je crois que, pour
   notre part, nous ne pouvons rien faire.

JAN : Oh ! cela est sûr et je ne vous reproche rien. Vous êtes
10   seulement les premières personnes que je rencontre depuis
   mon retour et il est naturel que je sente d'abord avec vous
   les difficultés qui m'attendent. Bien entendu, tout vient de
   moi, je suis encore dépaysé.

LA MÈRE : Quand les choses s'arrangent mal, on ne peut rien
15   y faire. Dans un certain sens, cela m'ennuie aussi que vous
   ayez décidé de partir. Mais je me dis qu'après tout, je n'ai
   pas de raisons d'y attacher de l'importance.

JAN : C'est beaucoup déjà que vous partagiez mon ennui et
   que vous fassiez l'effort de me comprendre. Je ne sais pas si
20   je saurais bien vous exprimer à quel point ce que vous venez
   de dire me touche et me fait plaisir.

(Il a un geste vers elle.)

Voyez-vous…

LA MÈRE : C'est notre métier de nous rendre agréables à tous
25   nos clients.

---

1 **d'ordinaire** généralement, habituellement – 7 **s'arranger** *ici :* se bien terminer,
prendre une bonne fin – 8 **pour notre part** *f* quant à nous, en ce qui nous concerne –
13 **être dépaysé** se sentir étranger – 17 **attacher de l'importance** *f* à qc *ici :* se soucier
de qc – 18 **l'ennui** *m* ce qu'on éprouve dans sa situation pénible (Unmut)

JAN *(découragé)* : Vous avez raison. *(Un temps.)* En somme, je vous dois seulement des excuses et, si vous le jugez bon, un dédommagement.

Il passe sa main sur son front. Il semble plus fatigué. Il parle
5 *moins facilement.*

Vous avez pu faire des préparatifs, engager des frais, et il est tout à fait naturel…

LA MÈRE : Nous n'avons certes pas de dédommagement à vous demander. Ce n'est pas pour nous que je regrettais
10 votre incertitude, c'est pour vous.

JAN *(il s'appuie à la table)* : Oh ! cela ne fait rien. L'essentiel est que nous soyons d'accord et que vous ne gardiez pas de moi un trop mauvais souvenir. Je n'oublierai pas votre maison, croyez-le bien, et j'espère que, le jour où j'y
15 reviendrai, je serai dans de meilleures dispositions.

Elle marche sans un mot vers la porte.

JAN : Madame !

Elle se retourne. Il parle avec difficulté, mais finit plus aisément qu'il n'a commencé.

20 Je voudrais…

(Il s'arrête.)

Pardonnez-moi, mais mon voyage m'a fatigué.

(Il s'assied sur le lit.)

---

1 **découragé** sans courage – 2 **un dédommagement** une somme d'argent qu'on paie pour réparer un dommage qu'on a fait – 6 **engager des frais** *mpl* avoir des dépenses – 8 **certes** sûrement – 10 **ce n'est pas pour nous que je regrettais votre incertitude** *f*, **c'est pour vous** je regrette que vous ne vous sentiez pas bien chez nous ; mais c'est vous que cela doit ennuyer, et pas nous – 15 **être dans de meilleures dispositions** se sentir mieux ; être de meilleure humeur – 18 **plus aisément** plus facilement, moins péniblement

Je voudrais, du moins, vous remercier… Je tiens aussi à ce
que vous le sachiez, ce n'est pas comme un hôte indifférent
que je quitterai cette maison.

LA MÈRE : Je vous en prie, Monsieur.

5 *Elle sort.*

---

2 **un hôte** [ot] un client

Scène VII

Il la regarde sortir. Il fait un geste, mais donne, en même temps, des signes de fatigue. Il semble céder à la lassitude et s'accoude à l'oreiller.

5 JAN : Je reviendrai demain avec Maria, et je dirai : « C'est moi. » Je les rendrai heureuses. Tout cela est évident. Maria avait raison.

(Il soupire, s'étend à moitié.)

Oh ! je n'aime pas ce soir où tout est si lointain.

10 *(Il est tout à fait couché, il dit des mots qu'on n'entend pas, d'une voix à peine perceptible.)*

Oui ou non ?

Il remue. Il dort. La scène est presque dans la nuit. Long silence. La porte s'ouvre. Entrent les deux femmes avec une lumière. LE
15 *VIEUX DOMESTIQUE les suit.*

---

3 **céder à qc** ne plus résister à qc – 3 **s'accouder à qc** mettre son coude sur qc ; s'appuyer sur qc avec le coude – 4 **un oreiller** un coussin qu'on a dans son lit et sur lequel on met la tête – 8 **s'étendre** se coucher – 9 **lointain** loin – 11 **une voix à peine perceptible** une voix qu'on peut à peine entendre – 13 **remuer** *ici :* bouger un peu

Scène VIII

MARTHA *(après avoir éclairé le corps, d'une voix étouffée)* : Il dort.

LA MÈRE *(de la même voix, mais qu'elle élève peu à peu)* : Non,
5   Martha ! Je n'aime pas cette façon de me forcer la main. Tu me traînes à cet acte. Tu commences, pour m'obliger à finir. Je n'aime pas cette façon de passer par-dessus mon hésitation.

MARTHA : C'est une façon de tout simplifier. Dans le trouble
10   où vous étiez, c'était à moi de vous aider en agissant.

LA MÈRE : Je sais bien qu'il fallait que cela finisse. Il n' empêche. Je n'aime pas cela.

MARTHA : Allons, pensez plutôt à demain et faisons vite.

Elle fouille le veston et en tire un portefeuille dont elle compte
15 *les billets. Elle vide toutes les poches du dormeur. Pendant cette opération, le passeport tombe et glisse derrière le lit. LE VIEUX DOMESTIQUE va le ramasser sans que les femmes le voient et se retire.*

MARTHA : Voilà. Tout est prêt. Dans un instant, les eaux de la
20   rivière seront pleines. Descendons. Nous viendrons le chercher quand nous entendrons l'eau couler par-dessus le barrage. Venez !

LA MÈRE *(avec calme)* : Non, nous sommes bien ici.

Elle s'assied.

25 MARTHA : Mais…

---

2 **éclairer le corps** jeter de la lumière sur le corps – 2 **d'une voix étouffée** à voix basse, en chuchotant – 4 **élever la voix** parler plus haut – 5 **forcer la main à qn** forcer, obliger qn à faire qc – 6 **tu me traînes à cet acte** tu me forces à faire cela – 7 **passer par-dessus qc** *ici* : négliger, ne pas respecter qc – 7 **l'hésitation** *f* le fait d'hésiter – 11 **il n'empêche** et pourtant, malgré tout – 14 **elle fouille le veston** elle regarde dans toutes les poches du veston – 19 **les eaux de la rivière seront pleines** l'écluse débordera

(Elle regarde sa mère puis, avec défi.)

Ne croyez pas que cela m'effraie. Attendons ici.

LA MÈRE : Mais oui, attendons. Attendre est bon, attendre est reposant. Tout à l'heure, il faudra le porter tout le long du
5 chemin, jusqu'à la rivière. Et d'avance j'en suis fatiguée, d'une fatigue tellement vieille que mon sang ne peut plus la digérer.

(Elle oscille sur elle-même comme si elle dormait à moitié.)

Pendant ce temps, lui ne se doute de rien. Il dort. Il en a
10 terminé avec ce monde. Tout lui sera facile, désormais. Il passera seulement d'un sommeil peuplé d'images à un sommeil sans rêves. Et ce qui, pour tout le monde, est un affreux arrachement ne sera pour lui qu'un long dormir.

MARTHA *(avec défi)* : Réjouissons-nous donc ! Je n'avais pas
15 de raisons de le haïr, et je suis heureuse que la souffrance au moins lui soit épargnée. Mais… il me semble que les eaux montent.

(Elle écoute, puis sourit.)

Mère, mère, tout sera fini, bientôt.

20 LA MÈRE *(même jeu)* : Oui, tout sera fini. Les eaux montent. Pendant ce temps, lui ne se doute de rien. Il dort. Il ne connaît plus la fatigue du travail à décider, du travail à terminer. Il dort, il n'a plus à se raidir, à se forcer, à exiger de lui-même ce qu'il ne peut pas faire. Il ne porte plus la croix
25 de cette vie intérieure qui proscrit le repos, la distraction, la

---

1 **avec défi** *m* d'un ton provoquant – 2 **effrayer qn** faire peur à qn – 6 **d'une fatigue
tellement vieille que mon sang ne peut plus la digérer** d'une fatigue tellement grande
que je suis à bout de forces – 8 **elle oscille** [ɔsil] **sur elle-même** elle se penche en
avant et en arrière (sie schwankt hin und her) – 10 **désormais** à partir de maintenant –
11 **peuplé d'images** *fpl* plein d'images – 13 **l'arrachement** *m* le fait d'être enlevé de
force (Weg-, Herausgerissenwerden) – 13 **le dormir** le sommeil – 15 °**haïr qn** [ˈaiʀ] ≠
aimer qn – 15 **je suis heureuse que la souffrance lui soit épargnée** je suis heureuse
qu'il n'ait pas à souffrir – 20 **même jeu** comme avant – 25 **proscrire** *ici :* défendre,
interdire

faiblesse… Il dort et ne pense plus, il n'a plus de devoirs ni de tâches, non, non, et moi, vieille et fatiguée, oh, je l'envie de dormir maintenant et de devoir mourir bientôt. *(Silence.)* Tu ne dis rien, Martha ?

5 MARTHA : Non. J'écoute. J'attends le bruit des eaux.

LA MÈRE : Dans un moment. Dans un moment seulement. Oui, encore un moment. Pendant ce temps, au moins, le bonheur est encore possible.

MARTHA : Le bonheur sera possible ensuite. Pas avant.

10 LA MÈRE : Savais-tu, Martha, qu'il voulait partir ce soir ?

MARTHA : Non, je ne le savais pas. Mais, le sachant, j'aurais agi de même. Je l'avais décidé.

LA MÈRE : Il me l'a dit tout à l'heure, et je ne savais que lui répondre.

15 MARTHA : Vous l'avez donc vu ?

LA MÈRE : Je suis montée ici, pour l'empêcher de boire. Mais il était trop tard.

MARTHA : Oui, il était trop tard ! Et puisqu'il faut vous le dire, c'est lui qui m'y a décidée. J'hésitais. Mais il m'a parlé des
20 pays que j'attends et, pour avoir su me toucher, il m'a donné des armes contre lui. C'est ainsi que l'innocence est récompensée.

LA MÈRE : Pourtant, Martha, il avait fini par comprendre. Il m'a dit qu'il sentait que cette maison n'était pas la sienne.

25 MARTHA *(avec force et impatience)* : Et cette maison, en effet, n'est pas la sienne, mais c'est qu'elle n'est celle de personne.

---

2 **la tâche** l'obligation – 2 **envier qn** souffrir parce que qn a qc qu'on n'a pas – 11 **le sachant** même si je l'avais su – 18 **c'est lui qui m'y a décidée** c'est lui qui m'a poussée à prendre cette décision – 21 **l'innocence** *f ici* : la naïveté, l'ignorance

Et personne n'y trouvera jamais l'abandon ni la chaleur. S'il avait compris cela plus vite, il se serait épargné et nous aurait évité d'avoir à lui apprendre que cette chambre est faite pour qu'on y dorme et ce monde pour qu'on y meure.

5 Assez maintenant, nous…

(On entend au loin le bruit des eaux.)

Écoutez, l'eau coule par-dessus le barrage. Venez, mère, et pour l'amour de ce Dieu que vous invoquez quelquefois, finissons-en.

10 LA MÈRE *fait un pas vers le lit.*

LA MÈRE : Allons ! Mais il me semble que cette aube n'arrivera jamais.

Rideau.

---

2 **s'épargner** *ici :* se sauver, ne pas mourir – 8 **invoquer qn** appeler qn à son secours –
11 **l'aube** [ob] f le lever du jour

Acte III

Scène I

LA MÈRE, MARTHA et LE DOMESTIQUE sont en scène. LE VIEUX
balaie et range. La sœur est derrière le comptoir, tirant ses
5 *cheveux en arrière. LA MÈRE traverse le plateau, se dirigeant*
vers la porte.

MARTHA : Vous voyez bien que cette aube est arrivée.

LA MÈRE : Oui. Demain, je trouverai que c'est une bonne
chose que d'en avoir fini. Maintenant, je ne sens que ma
10 fatigue.

MARTHA : Ce matin est, depuis des années, le premier où je
respire. Il me semble que j'entends déjà la mer. Il y a en moi
une joie qui va me faire crier.

LA MÈRE : Tant mieux, Martha, tant mieux. Mais je me sens
15 maintenant si vieille que je ne peux rien partager avec toi.
Demain, tout ira mieux.

MARTHA : Oui, tout ira mieux, je l'espère. Mais ne vous
plaignez pas encore et laissez-moi être heureuse à loisir. Je
redeviens la jeune fille que j'étais. De nouveau, mon corps
20 brûle, j'ai envie de courir. Oh ! dites-moi seulement…

Elle s'arrête.

LA MÈRE : Qu'y a-t-il, Martha ? Je ne te reconnais plus.

MARTHA : Mère…

(Elle hésite, puis avec feu.)

25 Suis-je encore belle ?

LA MÈRE : Tu l'es, ce matin. Le crime est beau.

---

5 **le plateau** *ici :* la scène – 12 **respirer** *ici :* se sentir libre, ne pas étouffer – 18 **à loisir**
ici : sans m'en empêcher

MARTHA : Qu'importe maintenant le crime ! Je nais pour la seconde fois, je vais rejoindre la terre où je serai heureuse.

LA MÈRE : Bien. Je vais aller me reposer. Mais je suis contente de savoir que la vie va enfin commencer pour toi.

5 *LE VIEUX DOMESTIQUE apparaît en haut de l'escalier, descend vers MARTHA, lui tend le passeport, puis sort sans rien dire. MARTHA ouvre le passeport et le lit, sans réaction.*

LA MÈRE : Qu'est-ce que c'est ?

MARTHA *(d'une voix calme)* : Son passeport. Lisez.

10 LA MÈRE : Tu sais bien que mes yeux sont fatigués.

MARTHA : Lisez ! Vous saurez son nom.

LA MÈRE prend le passeport, vient s'asseoir devant une table, étale le carnet et lit. Elle regarde longtemps les pages devant elle.

LA MÈRE *(d'une voix neutre)* : Allons, je savais bien qu'un jour
15 cela tournerait de cette façon et qu'alors il faudrait en finir.

MARTHA *(elle vient se placer devant le comptoir)* : Mère !

LA MÈRE *(de même)* : Laisse, Martha, j'ai bien assez vécu. J'ai vécu beaucoup plus longtemps que mon fils. Je ne l'ai pas reconnu et je l'ai tué. Je peux maintenant aller le rejoindre
20 au fond de cette rivière où les herbes couvrent déjà son visage.

MARTHA : Mère ! vous n'allez pas me laisser seule ?

LA MÈRE : Tu m'as bien aidée, Martha, et je regrette de te quitter. Si cela peut encore avoir du sens, je dois témoigner
25 qu'à ta manière tu as été une bonne fille. Tu m'as toujours

---

13 **étaler** *ici :* ouvrir et poser à plat devant soi – 13 **le carnet** *ici :* le passeport –
14 **neutre** [nøtʀ] *ici :* indifférent, sans émotion – 15 **tourner de cette façon** prendre cette fin – 24 **témoigner** avouer, affirmer, reconnaître

rendu le respect que tu me devais. Mais maintenant, je suis lasse et mon vieux cœur, qui se croyait détourné de tout, vient de réapprendre la douleur. Je ne suis plus assez jeune pour m'en arranger. Et de toutes façons, quand une mère
5 n'est plus capable de reconnaître son fils, c'est que son rôle sur la terre est fini.

MARTHA : Non, si le bonheur de sa fille est encore à construire. Je ne comprends pas ce que vous me dites. Je ne reconnais pas vos mots. Ne m'avez-vous pas appris à ne rien
10 respecter ?

LA MÈRE *(de la même voix indifférente)* : Oui, mais, moi, je viens d'apprendre que j'avais tort et que sur cette terre où rien n'est assuré, nous avons nos certitudes. *(Avec amertume.)* L'amour d'une mère pour son fils est
15 aujourd'hui ma certitude.

MARTHA : N'êtes-vous donc pas certaine qu'une mère puisse aimer sa fille ?

LA MÈRE : Je ne voudrais pas te blesser maintenant, Martha, mais il est vrai que ce n'est pas la même chose. C'est moins
20 fort. Comment pourrais-je me passer de l'amour de mon fils ?

MARTHA *(avec éclat)* : Bel amour qui vous oublia vingt ans !

LA MÈRE : Oui, bel amour qui survit à vingt ans de silence. Mais qu'importe ! cet amour est assez beau pour moi,
25 puisque je ne peux vivre en dehors de lui.

Elle se lève.

---

2 **qui se croyait détourné de tout** qui se croyait déjà loin de tout cela – 4 **pour m'en arranger** pour vivre avec (la douleur) – 13 **assuré** *ici :* stable, éternel, garanti – 13 **nous avons nos certitudes** *fpl* nous sommes sûrs de certaines choses – 13 **avec amertume** *f* avec tristesse, mêlée de déception (Bitterkeit) – 14 **l'amour d'une mère pour son fils est aujourd'hui ma certitude** c'est aujourd'hui que j'ai compris que j'aimais vraiment mon fils – 22 **avec éclat** *m* avec violence – 23 **qui survit à vingt ans de silence** *m* qui est encore vivant après vingt ans de silence

MARTHA : Il n'est pas possible que vous disiez cela sans l'ombre d'une révolte et sans une pensée pour votre fille.

LA MÈRE : Non, je n'ai de pensée pour rien et moins encore de révolte. C'est la punition, Martha, et je suppose qu'il est
5 une heure où tous les meurtriers sont comme moi, vidés par l'intérieur, stériles, sans avenir possible. C'est pour cela qu'on les supprime, ils ne sont bons à rien.

MARTHA : Vous tenez un langage que je méprise et je ne puis vous entendre parler de crime et de punition.

10 LA MÈRE : Je dis ce qui me vient à la bouche, rien de plus. Ah ! j'ai perdu ma liberté, c'est l'enfer qui a commencé !

MARTHA *(elle vient vers elle, et avec violence)* : Vous ne disiez pas cela auparavant. Et pendant toutes ces années, vous avez continué à vous tenir près de moi et à prendre d'une
15 main ferme les jambes de ceux qui devaient mourir. Vous ne pensiez pas alors à la liberté et à l'enfer. Vous avez continué. Que peut changer votre fils à cela ?

LA MÈRE : J'ai continué, il est vrai. Mais par habitude, comme une morte. Il suffisait de la douleur pour tout transformer.
20 C'est cela que mon fils est venu changer.

MARTHA fait un geste pour parler.

Je sais, Martha, cela n'est pas raisonnable. Que signifie la douleur pour une criminelle ? Mais aussi, tu le vois, ce n'est pas une vraie douleur de mère : je n'ai pas encore crié. Ce
25 n'est rien d'autre que la souffrance de renaître à l'amour, et cependant elle me dépasse. Je sais aussi que cette souffrance non plus n'a pas de raison. *(Avec un accent nouveau.)* Mais

---

1 **sans l'ombre** *f* **d'une révolte** sans une légère pensée de révolte − 5 **il est une heure** il arrive un moment − 5 **un meurtrier** un homme qui a tué − 7 **supprimer** *ici :* exécuter, tuer − 8 **tenir un langage** *ici :* parler d'une (certaine) façon − 8 **mépriser** ≠ respecter − 11 **j'ai perdu ma liberté** je suis redevenue consciente : j'ai redécouvert l'amour maternel et les remords de conscience − 11 **l'enfer** [ɑ̃fɛʀ] *m Hölle* − 25 **renaître à l'amour** *m* ressentir de nouveau ce que c'est que l'amour − 26 **elle (la souffrance) me dépasse** la souffrance est au-dessus de mes forces

ce monde lui-même n'est pas raisonnable et je puis bien le dire, moi qui en ai tout goûté, depuis la création jusqu'à la destruction.

Elle se dirige avec décision vers la porte, mais MARTHA *la*
5 *devance et se place devant l'entrée.*

MARTHA : Non, mère, vous ne me quitterez pas. N'oubliez pas que je suis celle qui est restée et que lui était parti, que vous m'avez eue près de vous toute une vie et que lui vous a laissée dans le silence. Cela doit se payer. Cela doit entrer
10 dans le compte. Et c'est vers moi que vous devez revenir.

LA MÈRE *(doucement)* : Il est vrai, Martha, mais lui, je l'ai tué !

MARTHA *s'est détournée un peu, la tête en arrière, semblant regarder la porte.*

MARTHA *(après un silence, avec une passion croissante)* : Tout
15 ce que la vie peut donner à un homme lui a été donné. Il a quitté ce pays. Il a connu d'autres espaces, la mer, des êtres libres. Moi, je suis restée ici. Je suis restée, petite et sombre, dans l'ennui, enfoncée au cœur du continent et j'ai grandi dans l'épaisseur des terres. Personne n'a embrassé ma
20 bouche et même vous, n'avez vu mon corps sans vêtements. Mère, je vous le jure, cela doit se payer. Et sous le vain prétexte qu'un homme est mort, vous ne pouvez vous dérober au moment où j'allais recevoir ce qui m'est dû. Comprenez donc que, pour un homme qui a vécu, la mort
25 est une petite affaire. Nous pouvons oublier mon frère et votre fils. Ce qui lui est arrivé est sans importance : il n'avait plus rien à connaître. Mais moi, vous me frustrez de tout et vous m'ôtez ce dont il a joui. Faut-il donc qu'il m'enlève

---

2 **j'en ai tout goûté** *ici :* j'ai vécu et connu tout cela – 5 **Martha la devance** Martha arrive à la porte avant sa mère – 10 **cela doit entrer dans le compte** [kɔ̃t] cela doit être marqué sur la facture ; il ne faut pas l'oublier – 14 **croissant** qui devient de plus en plus fort ; ≠ qui diminue – 16 **d'autres espaces** *mpl* d'autres régions – 18 **enfoncé** *ici :* cloué, resté immobile – 19 **dans l'épaisseur** *f* **des terres** au fond de la terre, sans lumière – 21 **un prétexte** une raison qui n'est pas vraie (Vorwand) – 22 **se dérober** s'échapper, fuir – 27 **frustrer qn de qc** priver qn de qc

encore l'amour de ma mère et qu'il vous emmène pour toujours dans sa rivière glacée ?

Elles se regardent en silence. La sœur baisse les yeux.

(Très bas.) Je me contenterais de si peu. Mère, il y a des mots
5   que je n'ai jamais su prononcer, mais il me semble qu'il y aurait de la douceur à recommencer notre vie de tous les jours.

LA MÈRE s'est avancée vers elle.

LA MÈRE : Tu l'avais reconnu ?

10   MARTHA *(relevant brusquement la tête)* : Non ! je ne l'avais pas reconnu. Je n'avais gardé de lui aucune image, cela est arrivé comme ce devait arriver. Vous l'avez dit vous-même, ce monde n'est pas raisonnable. Mais vous n'avez pas tout à fait tort de me poser cette question. Car si je l'avais reconnu,
15   je sais maintenant que cela n'aurait rien changé.

LA MÈRE : Je veux croire que cela n'est pas vrai. Les pires meurtriers connaissent les heures où l'on désarme.

MARTHA : Je les connais aussi. Mais ce n'est pas devant un frère inconnu et indifférent que j'aurais baissé le front.

20   LA MÈRE : Devant qui donc alors ?

MARTHA baisse le front.

MARTHA : Devant vous.

Silence.

LA MÈRE *(lentement)* : Trop tard, Martha. Je ne peux plus rien
25   pour toi.

(Elle se retourne vers sa fille.)

---

17 **désarmer** poser les armes, abandonner la lutte

Est-ce que tu pleures, Martha ? Non, tu ne saurais pas. Te souviens-tu du temps où je t'embrassais ?

MARTHA : Non, mère.

LA MÈRE : Tu as raison. Il y a longtemps de cela et j'ai très vite
5   oublié de te tendre les bras. Mais je n'ai pas cessé de t'aimer.

(Elle écarte doucement MARTHA *qui lui cède peu à peu le passage.)*

Je le sais maintenant puisque mon cœur parle ; je vis à nouveau, au moment où je ne puis plus supporter de vivre.

10 *Le passage est libre.*

MARTHA *(mettant son visage dans ses mains)* : Mais qu'est-ce donc qui peut être plus fort que la détresse de votre fille ?

LA MÈRE : La fatigue peut-être, et la soif du repos.

Elle sort sans que sa fille s'y oppose.

---

6 **écarter** pousser de côté – 6 **céder le passage à qn** laisser passer qn – 12 **la détresse**
le sentiment d'abandon et de désespoir

Scène II

MARTHA court vers la porte, la ferme brutalement, se colle contre elle. Elle éclate en cris sauvages.

MARTHA : Non ! je n'avais pas à veiller sur mon frère, et
5 pourtant me voilà exilée dans mon propre pays ; ma mère elle-même m'a rejetée. Mais je n'avais pas à veiller sur mon frère, ceci est l'injustice qu'on fait à l'innocence. Le voilà qui a obtenu maintenant ce qu'il voulait, tandis que je reste solitaire, loin de la mer dont j'avais soif. Oh ! je le hais. Toute
10 ma vie s'est passée dans l'attente de cette vague qui m'emporterait et je sais qu'elle ne viendra plus ! Il me faut demeurer avec, à ma droite et à ma gauche, devant et derrière moi, une foule de peuples et de nations, de plaines et de montagnes, qui arrêtent le vent de la mer et dont les
15 jacassements et les murmures étouffent son appel répété. *(Plus bas.)* D'autres ont plus de chance ! Il est des lieux pourtant éloignés de la mer où le vent du soir, parfois, apporte une odeur d'algue. Il y parle de plages humides, toutes sonores du cri des mouettes, ou de grèves dorées
20 dans des soirs sans limites. Mais le vent s'épuise bien avant d'arriver ici ; plus jamais je n'aurai ce qui m'est dû. Quand même je collerais mon oreille contre terre, je n'entendrais pas le choc des vagues ou la respiration mesurée de la mer heureuse. Je suis trop loin de ce que j'aime et ma distance
25 est sans remède. Je le hais, je le hais pour avoir obtenu ce qu'il voulait ! Moi, j'ai pour patrie ce lieu clos et épais où le

---

4 **veiller sur qn** faire attention à qn – 5 **être exilé** vivre (comme) en exil – 6 **rejeter qn** repousser qn – 7 **l'innocence** *f ici :* qn qui n'a pas connu la vie – 8 **solitaire** tout seul, sans amis – 10 **les vagues** *fpl* lorsqu'il fait du vent l'eau de la mer monte et descend : il y a des vagues – 11 **demeurer** *ici :* rester – 14 **le jacassement** le bavardage (Geplapper) – 15 **le murmure** le bruit léger que fait l'eau ou le vent (Rauschen) – 18 **une algue** une plante qui pousse au fond de l'eau – 18 **il parle** le vent parle – 18 **humide** mouillé – 19 **toute sonore du cri** *ici :* où on entend le cri – 19 **une mouette** un oiseau qui vit au bord de l'eau (Möwe) – 19 **la grève** la plage – 19 **doré** couleur d'or – 20 **le vent s'épuise** il devient faible – 21 **quand même** même si – 23 **la respiration mesurée** le rythme, le va-et-vient des vagues – 26 **clos** [klo] fermé

ciel est sans horizon, pour ma faim l'aigre prunier de ce pays
et rien pour ma soif, sinon le sang que j'ai répandu. Voilà le
prix qu'il faut payer pour la tendresse d'une mère ! Qu'elle
meure donc, puisque je ne suis pas aimée ! Que les portes se
5   referment autour de moi ! Qu'elle me laisse à ma juste
colère ! Car, avant de mourir, je ne lèverai pas les yeux pour
implorer le ciel. Là-bas, où l'on peut fuir, se délivrer, presser
son corps contre un autre, rouler dans la vague, dans ce pays
défendu par la mer, les dieux n'abordent pas. Mais ici, où le
10   regard s'arrête de tous côtés, toute la terre est dessinée pour
que le visage se lève et que le regard supplie. Oh ! je hais ce
monde où nous en sommes réduits à Dieu. Mais moi, qui
souffre d'injustice, on ne m'a pas fait droit, je ne m'
agenouillerai pas. Et privée de ma place sur cette terre,
15   rejetée par ma mère, seule au milieu de mes crimes, je
quitterai ce monde sans être réconciliée.

On frappe à la porte.

---

1 **un aigre prunier** un arbre qui porte des prunes aigres – 2 **répandre** *ici :* verser, faire
couler – 3 **la tendresse** *ici :* l'amour – 7 **implorer** invoquer, supplier – 7 **se délivrer** se
libérer – 9 **défendu** *ici :* protégé – 9 **aborder** *ici :* s'arrêter, arriver – 10 **être dessiné** *ici :*
se présenter de telle façon que, être fait (pour) – 12 **en être réduit à** *ici :* avoir besoin
de – 13 **faire droit à qn** ≠ faire tort, faire de l'injustice à qn – 13 **s'agenouiller** se mettre
à genoux – 14 **être privé de qc** être sans le droit d'avoir qc – 16 **sans être réconcilié**
sans avoir trouvé la paix et le pardon

Scène III

MARTHA : Qui est là ?

MARIA : Une voyageuse.

MARTHA : On ne reçoit plus de clients.

5 MARIA : Je viens rejoindre mon mari.

Elle entre.

MARTHA *(la regardant)* : Qui est votre mari ?

MARIA : Il est arrivé ici hier et devait me rejoindre ce matin. Je suis étonnée qu'il ne l'ait pas fait.

10 MARTHA : Il avait dit que sa femme était à l'étranger.

MARIA : Il a ses raisons pour cela. Mais nous devions nous retrouver maintenant.

MARTHA *(qui n'a pas cessé de la regarder)* : Cela vous sera difficile. Votre mari n'est plus ici.

15 MARIA : Que dites-vous là ? N'a-t-il pas pris une chambre chez vous ?

MARTHA : Il avait pris une chambre, mais il l'a quittée dans la nuit.

MARIA : Je ne puis le croire, je sais toutes les raisons qu'il a de 20 rester dans cette maison. Mais votre ton m'inquiète. Dites-moi ce que vous avez à me dire.

MARTHA : Je n'ai rien à vous dire, sinon que votre mari n'est plus là.

MARIA : Il n'a pu partir sans moi, je ne vous comprends pas. 25 Vous a-t-il quittées définitivement ou a-t-il dit qu'il reviendrait ?

MARTHA : Il nous a quittées définitivement.

MARIA : Écoutez. Depuis hier, je supporte, dans ce pays
étranger, une attente qui a épuisé toute ma patience. Je suis
venue, poussée par l'inquiétude, et je ne suis pas décidée à
5   repartir sans avoir vu mon mari ou sans savoir où le
retrouver.

MARTHA : Ce n'est pas mon affaire.

MARIA : Vous vous trompez. C'est aussi votre affaire. Je ne sais
pas si mon mari approuvera ce que je vais vous dire, mais je
10   suis lasse de ces complications. L'homme qui est arrivé chez
vous, hier matin, est le frère dont vous n'entendiez plus
parler depuis des années.

MARTHA : Vous ne m'apprenez rien.

MARIA *(avec éclat)* : Mais alors, qu'est-il donc arrivé ?
15   Pourquoi votre frère n'est-il pas dans cette maison ? Ne
l'avez-vous pas reconnu et, votre mère et vous, n'avez-vous
pas été heureuses de ce retour ?

MARTHA : Votre mari n'est plus là parce qu'il est mort.

MARIA a un sursaut et reste un moment silencieuse, regardant
20 *fixement MARTHA. Puis elle fait mine de s'approcher d'elle et*
sourit.

MARIA : Vous plaisantez, n'est-ce pas ? Jan m'a souvent dit
que, petite fille, déjà, vous vous plaisiez à déconcerter. Nous
sommes presque sœurs et…

25 MARTHA : Ne me touchez pas. Restez à votre place. Il n'y a
rien de commun entre nous. *(Un temps.)* Votre mari est mort
cette nuit, je vous assure que cela n'est pas une plaisanterie.
Vous n'avez plus rien à faire ici.

---

2 **je supporte une attente qui a épuisé ma patience** [pasjãs] j'attends, et maintenant
je suis à bout de patience – 9 **approuver qc** accepter qc ; être d'accord sur qc – 19 **avoir
un sursaut** [syʀso] faire un mouvement qui montre la surprise – 23 **déconcerter qn**
surprendre qn par une remarque à laquelle on ne pensait pas

MARIA : Mais vous êtes folle, folle à lier ! C'est trop soudain et je ne peux pas vous croire. Où est-il ? Faites que je le voie mort et alors seulement je croirai ce que je ne puis même pas imaginer.

5 MARTHA : C'est impossible. Là où il est, personne ne peut le voir.

MARIA a un geste vers elle.

Ne me touchez pas et restez où vous êtes… Il est au fond de la rivière où ma mère et moi l'avons porté, cette nuit, après
10 l'avoir endormi. Il n'a pas souffert, mais il n'empêche qu'il est mort, et c'est nous, sa mère et moi, qui l'avons tué.

MARIA *(elle recule)* : Non, non… c'est moi qui suis folle et qui entends des mots qui n'ont encore jamais retenti sur cette terre. Je savais que rien de bon ne m'attendait ici, mais je ne
15 suis pas prête à entrer dans cette démence. Je ne comprends pas, je ne vous comprends pas…

MARTHA : Mon rôle n'est pas de vous persuader, mais seulement de vous informer. Vous viendrez de vous-même à l'évidence.

20 MARIA *(avec une sorte de distraction)* : Pourquoi, pourquoi avez-vous fait cela ?

MARTHA : Au nom de quoi me questionnez-vous ?

MARIA *(dans un cri)* : Au nom de mon amour !

MARTHA : Qu'est-ce que ce mot veut dire ?

---

1 **être fou à lier** être complètement fou – 10 **il n'empêche que** cela n'empêche pas que – 12 **reculer** faire un pas en arrière – 13 **qui n'ont encore jamais retenti** qu'on n'a encore jamais entendu – 15 **je ne suis pas prête à entrer dans cette démence** je ne veux pas jouer ce jeu de la folie – 17 **persuader qn** convaincre qn – 18 **vous viendrez de vous-même à l'évidence** *f* vous verrez vous-même que c'est vrai

MARIA : Il veut dire tout ce qui, à présent, me déchire et me
mord, ce délire qui ouvre mes mains pour le meurtre. N'était
cette incroyance entêtée qui me reste dans le cœur, vous
apprendriez, folle, ce que ce mot veut dire, en sentant votre
5   visage se déchirer sous mes ongles.

MARTHA : Vous parlez décidément un langage que je ne
comprends pas. J'entends mal les mots d'amour, de joie ou
de douleur.

MARIA *(avec un grand effort)* : Écoutez, cessons ce jeu, si c'en
10   est un. Ne nous égarons pas en paroles vaines. Dites-moi,
bien clairement, ce que je veux savoir bien clairement, avant
de m'abandonner.

MARTHA : Il est difficile d'être plus claire que je l'ai été. Nous
avons tué votre mari cette nuit, pour lui prendre son argent,
15   comme nous l'avions fait déjà pour quelques voyageurs
avant lui.

MARIA : Sa mère et sa sœur étaient donc des criminelles ?

MARTHA : Oui.

MARIA *(toujours avec le même effort)* : Aviez-vous appris déjà
20   qu'il était votre frère ?

MARTHA : Si vous voulez le savoir, il y a eu malentendu. Et
pour peu que vous connaissiez le monde, vous ne vous en
étonnerez pas.

MARIA *(retournant vers la table, les poings contre la poitrine,*
25   *d'une voix sourde)* : Oh ! mon Dieu, je savais que cette
comédie ne pouvait être que sanglante, et que lui et moi
serions punis de nous y prêter. Le malheur était dans ce ciel.

---

1 **déchirer qn** *ici* : déchirer l'âme – 1 **mordre** *ici* : tourmenter, faire mal – 2 **le délire**
l'état où on ne sait plus ce qu'on fait (Delirium) – 2 **un meurtre** le fait de tuer qn
volontairement – 2 **n'était cette incroyance entêtée** si je n'étais absolument certaine
que ce n'est pas vrai – 6 **décidément** en effet – 10 **ne nous égarons pas en paroles
vaines** revenons aux faits – 12 **avant de m'abandonner** avant de me laisser aller –
21 **pour peu que** il suffit que – 26 **sanglant** où le sang coule ; fatal, tragique – 27 **se
prêter à qc** consentir à qc

(Elle s'arrête devant la table et parle sans regarder MARTHA.)

Il voulait se faire reconnaître de vous, retrouver sa maison, vous apporter le bonheur, mais il ne savait pas trouver la parole qu'il fallait. Et pendant qu'il cherchait ses mots, on le tuait.

(Elle se met à pleurer.)

Et vous, comme deux insensées, aveugles devant le fils merveilleux qui vous revenait… car il était merveilleux, et vous ne savez pas quel cœur fier, quelle âme exigeante vous venez de tuer ! Il pouvait être votre orgueil, comme il a été le mien. Mais, hélas, vous étiez son ennemie, vous êtes son ennemie, vous qui pouvez parler froidement de ce qui devrait vous jeter dans la rue et vous tirer des cris de bête !

MARTHA : Ne jugez de rien, car vous ne savez pas tout. À l'heure qu'il est, ma mère a rejoint son fils. Le flot commence à les ronger. On les découvrira bientôt et ils se retrouveront dans la même terre. Mais je ne vois pas qu'il y ait encore là de quoi me tirer des cris. Je me fais une autre idée du cœur humain et, pour tout dire, vos larmes me répugnent.

MARIA *(se retournant contre elle avec haine)* : Ce sont les larmes des joies perdues à jamais. Cela vaut mieux pour vous que cette douleur sèche qui va bientôt me venir et qui pourrait vous tuer sans un tremblement.

MARTHA : Il n'y a pas là de quoi m'émouvoir. Vraiment, ce serait peu de chose. Moi aussi, j'en ai assez vu et entendu, j'ai décidé de mourir à mon tour. Mais je ne veux pas me mêler à eux. Qu'ai-je à faire dans leur compagnie ? Je les laisse à leur tendresse retrouvée, à leurs caresses obscures.

---

7 **insensé** fou, qui n'a pas sa raison – 9 **une âme exigeante** une âme orgueilleuse –
13 **tirer** *ici :* faire pousser – 15 **le flot** [flo] *ici :* l'eau – 16 **ronger** *ici :* user peu à peu –
19 **répugner qn** causer du dégoût à qn (anwidern) – 27 **se mêler à** être avec – 29 **la tendresse** l'affection – 29 **une caresse** un geste d'affection

Ni vous ni moi n'y avons plus de part, ils nous sont infidèles à jamais. Heureusement, il me reste ma chambre, il sera bon d'y mourir seule.

MARIA : Ah ! vous pouvez mourir, le monde peut crouler, j'ai
5   perdu celui que j'aime. Il me faut maintenant vivre dans cette terrible solitude où la mémoire est un supplice.

MARTHA vient derrière elle et parle par-dessus sa tête.

MARTHA : N'exagérons rien. Vous avez perdu votre mari et j'ai perdu ma mère. Après tout, nous sommes quittes. Mais vous
10   ne l'avez perdu qu'une fois, après en avoir joui pendant des années et sans qu'il vous ait rejetée. Moi, ma mère m'a rejetée. Maintenant elle est morte et je l'ai perdue deux fois.

MARIA : Il voulait vous apporter sa fortune, vous rendre heureuses toutes les deux. Et c'est à cela qu'il pensait, seul,
15   dans sa chambre, au moment où vous prépariez sa mort.

MARTHA *(avec un accent soudain désespéré)* : Je suis quitte aussi avec votre mari, car j'ai connu sa détresse. Je croyais comme lui avoir ma maison. J'imaginais que le crime était notre foyer et qu'il nous avait unies, ma mère et moi, pour
20   toujours. Vers qui donc, dans le monde, aurais-je pu me tourner, sinon vers celle qui avait tué en même temps que moi ? Mais je me trompais. Le crime aussi est une solitude, même si on se met à mille pour l'accomplir. Et il est juste que je meure seule, après avoir vécu et tué seule.

25 *MARIA se tourne vers elle dans les larmes.*

MARTHA *(reculant et reprenant sa voix dure)* : Ne me touchez pas, je vous l'ai déjà dit. À la pensée qu'une main humaine puisse m'imposer sa chaleur avant de mourir, à la pensée

---

2 **à jamais** pour toujours – 4 **crouler** tomber en ruine – 6 **un supplice** une torture, une souffrance insupportable – 9 **nous sommes quittes** vous ne me devez rien, et moi non plus je ne vous dois rien – 19 **le foyer** la maison où habite une famille (das Zuhause) – 23 **même si on se met à mille pour l'accomplir** même si mille personnes l'accomplissent ensemble – 28 **imposer qc à qn** *ici :* obliger qn à supporter qc

que n'importe quoi qui ressemble à la hideuse tendresse des hommes puisse me poursuivre encore, je sens toutes les fureurs du sang remonter à mes tempes.

Elles se font face, très près l'une de l'autre.

5 MARIA : Ne craignez rien. Je vous laisserai mourir comme vous le désirez. Je suis aveugle, je ne vous vois plus ! Et ni votre mère, ni vous, ne serez jamais que des visages fugitifs, rencontrés et perdus au cours d'une tragédie qui n'en finira pas. Je ne sens pour vous ni haine ni compassion. Je ne peux
10 plus aimer ni détester personne.

(Elle cache soudain son visage dans ses mains.)

En vérité, j'ai à peine eu le temps de souffrir ou de me révolter. Le malheur était plus grand que moi.

MARTHA, qui s'est détournée et a fait quelques pas vers la porte,
15 *revient vers MARIA.*

MARTHA : Mais pas encore assez grand puisqu'il vous a laissé des larmes. Et avant de vous quitter pour toujours, je vois qu'il me reste quelque chose à faire. Il me reste à vous désespérer.

20 MARIA *(la regardant avec effroi)* : Oh ! laissez-moi, allez-vous-en et laissez-moi !

MARTHA : Je vais vous laisser, en effet, et pour moi aussi ce sera un soulagement, je supporte mal votre amour et vos pleurs. Mais je ne puis mourir en vous laissant l'idée que
25 vous avez raison, que l'amour n'est pas vain, et que ceci est un accident. Car c'est maintenant que nous sommes dans l'ordre. Il faut vous en persuader.

---

1 **hideux** affreux, laid, répugnant – 2 **la fureur** la colère – 3 **une tempe** la partie à côté des yeux (Schläfe) – 7 **fugitif** qui passe rapidement, passager – 18 **désespérer qn** mettre le désespoir au cœur de qn – 20 **l'effroi** *m* l'horreur (Entsetzen) – 23 **c'est un soulagement pour moi** cela m'ôte un grand poids du cœur (Erleichterung) – 26 **nous sommes dans l'ordre** *m* nous avons retrouvé cet ordre qui fait que chaque chose est à sa vraie place

MARIA : Quel ordre ?

MARTHA : Celui où personne n'est jamais reconnu.

MARIA *(égarée)* : Que m'importe, je vous entends à peine.
Mon cœur est déchiré. Il n'a de curiosité que pour celui que
5 vous avez tué.

MARTHA *(avec violence)* : Taisez-vous ! Je ne veux plus
entendre parler de lui, je le déteste. Il ne vous est plus rien.
Il est entré dans la maison amère où l'on est exilé pour
toujours. L'imbécile ! il a ce qu'il voulait, il a retrouvé celle
10 qu'il cherchait. Nous voilà tous dans l'ordre. Comprenez que
ni pour lui ni pour nous, ni dans la vie ni dans la mort, il
n'est de patrie ni de paix. *(Avec un rire méprisant.)* Car on ne
peut appeler patrie, n'est-ce pas, cette terre épaisse, privée
de lumière, où l'on s'en va nourrir des animaux aveugles.

15 MARIA *(dans les larmes)* : Oh ! mon Dieu, je ne peux pas, je ne
peux pas supporter ce langage. Lui non plus ne l'aurait pas
supporté. C'est pour une autre patrie qu'il s'était mis en
marche.

MARTHA *(qui a atteint la porte, se retournant brusquement)* :
20 Cette folie a reçu son salaire. Vous recevrez bientôt le vôtre.
(Avec le même rire.) Nous sommes volés, je vous le dis.
À quoi bon ce grand appel de l'être, cette alerte des âmes ?
Pourquoi crier vers la mer ou vers l'amour ? Cela est
dérisoire. Votre mari connaît maintenant la réponse, cette
25 maison épouvantable où nous serons enfin serrés les uns
contre les autres. *(Avec haine.)* Vous la connaîtrez aussi, et si
vous le pouviez alors, vous vous souviendriez avec délices de
ce jour où pourtant vous vous croyiez entrée dans le plus

---

2 **où personne n'est jamais reconnu** où personne ne se comprend – 3 **égaré** troublé,
bouleversé – 4 **avoir de la curiosité pour qn** s'intéresser à qn – 7 **il ne vous est plus
rien** il n'a plus d'importance pour vous – 14 **des animaux aveugles** des hommes à
l'état d'animaux ; ≠ homo sapiens – 20 **le salaire** l'argent qu'on reçoit pour son travail –
22 **l'alerte** *f ici :* l'inquiétude – 24 **la maison épouvantable** *ici :* la tombe – 28 **ce jour**
aujourd'hui

déchirant des exils. Comprenez que votre douleur ne s'égalera jamais à l'injustice qu'on fait à l'homme et pour finir, écoutez mon conseil. Je vous dois bien un conseil, n'est-ce pas, puisque je vous ai tué votre mari ! Priez votre
5 Dieu qu'il vous fasse semblable à la pierre. C'est le bonheur qu'il prend pour lui, c'est le seul vrai bonheur. Faites comme lui, rendez-vous sourde à tous les cris, rejoignez la pierre pendant qu'il en est temps. Mais si vous vous sentez trop lâche pour entrer dans cette paix muette, alors venez nous
10 rejoindre dans notre maison commune. Adieu, ma sœur ! Tout est facile, vous le voyez. Vous avez à choisir entre le bonheur stupide des cailloux et le lit gluant où nous vous attendons.

Elle sort et MARIA, *qui a écouté avec égarement, oscille sur elle-*
15 *même, les mains en avant.*

MARIA *(dans un cri)* : Oh ! mon Dieu ! je ne puis vivre dans ce désert ! C'est à vous que je parlerai et je saurai trouver mes mots.

(Elle tombe à genoux.)

20 Oui, c'est à vous que je m'en remets. Ayez pitié de moi, tournez-vous vers moi ! Entendez-moi, donnez-moi votre main ! Ayez pitié, Seigneur, de ceux qui s'aiment et qui sont séparés !

La porte s'ouvre et LE VIEUX DOMESTIQUE *paraît.*

---

2 **s'égaler à** *ici :* être aussi grand que – 5 **c'est le bonheur qu'il prend pour lui** c'est le bonheur qu'il a choisi – 8 **lâche** sans courage – 12 **un caillou** une petite pierre ronde (qui se trouve dans une rivière) – 12 **le lit gluant** *ici :* la tombe

Scène IV

LE VIEUX *(d'une voix nette et ferme)* : Vous m'avez appelé ?

MARIA *(se tournant vers lui)* : Oh ! je ne sais pas ! Mais aidez-
moi, car j'ai besoin qu'on m'aide. Ayez pitié et consentez à
5 m'aider !

LE VIEUX *(de la même voix)* : Non !

Rideau.

Questions et devoirs

Acte I, Scène I

1. Pourquoi les deux femmes veulent-elles quitter leur pays ?
   Comment Martha imagine-t-elle le pays de ses rêves ?
   Qu'espère-t-elle y trouver ? Et sa mère ?
2. Comment se procurent-elles l'argent ?
3. Quels rapports y a-t-il entre elles et leurs victimes ?
   Comment les choisissent-elles ?
   Éprouvent-elles de la pitié pour elles ?
4. Que voient-elles dans le crime ?
   Se sentent-elles coupables ?
5. Qu'est-ce qui lie Martha et sa mère ?
   Pourquoi rêvent-elles d'un pays « où le soleil tue les questions » ?

Devoir
Relevez :

1. tout ce qui se rapporte à la vie que mènent les deux femmes.
2. tout ce qui se rapporte au bonheur dont elles rêvent.

Acte I, Scènes II et III

1. Quel souvenir Jan a-t-il gardé de sa mère et de sa sœur le jour de son départ ?
2. Dans quel pays pourrait-il être allé ?
   Comparez ce pays au pays des rêves de Martha.
3. En quoi Jan et Martha se ressemblent-ils ? En quoi sont-ils différents ?
   Pourquoi Jan a-t-il épousé une femme comme Maria ?
4. Pourquoi Jan rentre-t-il après vingt ans d'absence ?
   N'a-t-il pas trouvé le bonheur ?
   Qu'est-ce qui le pousse à rentrer ?
5. Comment avait-il préparé son retour ?
   Comment imaginait-il l'accueil qu'on lui ferait ?
6. Comment comprenez-vous les paroles de Maria : « *Ce n'était pas difficile… il suffisait de parler… et tout rentre dans l'ordre.* »
   A-t-elle raison ?
7. Pourquoi Jan n'a-t-il pas su « *trouver ses mots* » ?

Devoir
Relevez tous les malentendus de la scène.

Acte I, Scène IV

1. Chaque personnage voit le bonheur d'une manière différente. Comparez leurs points de vue.
2. Maria dit : « *… l'amour des hommes est un déchirement.* » Montrez que cette réflexion s'applique aussi à Jan.
3. Pourquoi Maria ne veut-elle pas comprendre que Jan a besoin d'« *être seul afin d'y voir plus clair* » ?
   Pourquoi est-elle jalouse de ses rêves ?
   Que craint-elle en le laissant seul à l'auberge ?
4. Doit-on abandonner ses rêves quand on aime quelqu'un ?

Devoir
Relevez les passages où il est question de la crainte et des soupçons de Maria.

Acte I, Scène V

1. Nous apprenons enfin le nom du pays où Jan est allé et celui du pays où se situe la pièce.
La description que donnent Martha et Maria de la République tchèque correspond-elle à la réalité ?
Y voyez-vous autre chose ?
2. Qu'apprenons-nous encore sur les conditions de vie de Martha et de sa mère ?
3. Relisez le début du dialogue.
Martha aurait-elle dû reconnaître son frère d'après les indications qu'il a données sur sa personne ?
4. Jan essaie de « *trouver ses mots* ». Mais pourquoi ne dit-il pas la vérité en parlant de sa femme ?
5. Dans la scène I, Martha dit : « *Je n'aime pas les allusions* », mais ici, elle en fait elle-même. Dans cette scène Jan constate : « *Vous parlez clairement, en effet.* »
Comment Jan a-t-il compris les paroles de Martha ?
Comment pourrait-on les comprendre aussi ?
6. Martha refuse, par principe, toute conversation personnelle avec les clients. Pourquoi dit-elle à Jan : « *Je ne pouvais vous laisser continuer sur ce ton qui… aurait gâté nos rapports* » ?
De quels rapports s'agit-il ?
7. Dès le début, on a pu remarquer la présence du vieux domestique. À quels moments est-il venu ?
Son attitude vous surprend-elle ?

Devoirs
1. Faites le portrait d'un « bon client ».
2. Relevez les paroles de Martha qui ont un double sens et expliquez-les.

Acte I, Scène VI

1. Qu'apprend-on encore sur le village où Jan est né ?
2. Martha (dans la scène V) : « … *le prix de pension ne peut pas comprendre l'obligation… de répondre aux questions. Ma mère le fait quelquefois par indifférence…* »
   La mère répond-elle aux questions de Jan seulement par indifférence ?
3. Depuis le début de la pièce, la mère parle de sa fatigue. De quelle fatigue s'agit-il maintenant ?
   Pourquoi ne réagit-elle pas autrement à l'allusion du « fils perdu » ?
4. Relevez les passages où Martha explique pourquoi elle est devenue aussi dure.
5. Martha dit : « *Un fils qui entrerait ici trouverait… une bienveillante indifférence.* » Pouvez-vous vous expliquer cette attitude ?
   Elle connaît le nom du client et elle a entendu son allusion au « fils perdu ». Ne l'a-t-elle vraiment pas reconnu ?
6. Martha interrompt régulièrement le dialogue entre Jan et sa mère. À quels moments ? Pourquoi le fait-elle ? Que craint-elle ?
7. Relevez les passages à double sens qui font allusion au projet des deux femmes (Depuis : JAN : *… et sont-ils restés longtemps ?*)
8. Quel est le rôle du domestique dans cette scène et dans les scènes précédentes ?

Devoirs

1. Relevez ce que dit Martha des rapports entre elle et ses clients.
2. Relisez la fin de la scène (« *Laissez, mon fils …* » etc.) et relevez les malentendus.

Acte I, Scène VII

La mère n'est plus tout à fait indifférente.
Qu'est-ce qui la préoccupe ? A-t-elle reconnu son fils ?

Acte I, Scène VIII

1. Martha parle de nouveau des raisons qui la poussent au crime. Quelle est la raison principale qui la rend tellement décidée à agir ?
2. Le voyageur préoccupe la mère. Quelles personnes lui rappelle-t-il ?
   Comment voit-elle la situation présente ?
   Quelles conclusions en tire-t-elle ? Et Martha ?
3. Comprenez-vous maintenant pourquoi Martha s'est intéressée à la famille du voyageur ? *(Voir scène V)*

Devoir
Relevez les reproches que Martha fait à la vie qu'elle a menée jusqu'à ce jour.

Acte II, Scène I

1. Martha va dans la chambre de Jan pour lui parler. De quoi veut-elle parler ?

2. Quels éléments nouveaux viennent s'ajouter à la description du pays du soleil ? *(Voir acte I, scène I)*

3. Quelles fonctions ont le soleil et la pluie aux yeux de Martha dans un pays où « *enfin, les choses sont ce qu'elles sont* » ?
   Relevez les expressions qui montrent l'enthousiasme et l'excitation de Martha.

4. Commentez la remarque de Jan : « *Vous venez de me tenir un langage humain.* »
   Qu'entend Martha par « langage humain » ?
   Relevez dans la scène ce qui pourrait justifier cette remarque.

5. « *JAN : Il faut savoir ce que l'on veut.*
   JAN : Il faut trouver ses mots.
   MARIA : Il suffit de parler, de laisser parler son cœur.
   MARTHA : … j'imagine avec délices cet autre pays… où les choses sont ce qu'elles sont. »
   Est-ce que les mots et le langage du cœur suffisent pour écarter tout malentendu ?

6. Relevez et expliquez les passages à double sens et ceux où Jan et Martha semblent se comprendre.

7. Dans toute la pièce les personnages se sont parlés sans jamais se comprendre tout à fait. Donnez quelques exemples.

Devoir

Relevez les malentendus et les mots à double sens de cette scène.

Acte II, Scènes II à V

1. Comparez l'angoisse de Jan à celle de Maria *(Voir Acte I, Scène IV)*. Pourquoi Jan ne part-il pas ?
2. L'apparition du vieux domestique a-t-elle ici une signification précise ? Comparez aux autres scènes.
3. Jan est partagé entre l'angoisse, l'amour de sa femme et le devoir envers sa mère et sa sœur. Il devrait savoir ce qui l'attend ici, mais il semble ne pas avoir compris. Maria, sa mère et le domestique pourraient le sauver. Mais personne ne lui vient en aide.
   Est-ce pareil pour tous les hommes ?

Devoir
Relevez tout ce qui a rapport à l'angoisse de Jan.

Acte II, Scènes VI et VII

1. Jan est sur le point de trouver ses mots. Pourquoi n'y réussit-il pas ? Pensez à l'attitude de la mère.
2. Martha avait dit de lui : « *Il exagère l'allure de l'innocence* ». Avait-elle raison ?
3. Pourquoi la mère n'a-t-elle pas empêché les choses « *d'être réglées dans cette chambre* » ?

Devoir
Relevez les politesses échangées entre la mère et Jan.

Acte II, Scène VIII

1. Quels sont les sentiments qui s'emparent de la mère ?
2. Elle commence à s'identifier avec Jan et projette sur lui ses propres rêves. Donnez des exemples.
3. Elle n'est pas convaincue de ce qu'elle va faire. Pourquoi hésite-t-elle ? Pourquoi n'agit-elle pas pour sauver Jan ?
4. « *LA MÈRE : Mais il était trop tard.* »
   Est-ce une raison suffisante pour excuser le crime ?
5. Quels sont les motifs qui ont encouragé Martha à tuer Jan ?

Devoir

Jan et Martha sont-ils vraiment tellement différents l'un de l'autre ? Ou voyez-vous des traits de caractère qui leur sont communs ?

Liste des abréviations

≠	antonyme de
→	mot de la même famille
°	après l'article, pas de liaison
[']	pas de liaison
etw	etwas
f	féminin
fam	familier
fpl	féminin pluriel
jdm	jemandem
jdn	jemanden
m	masculin
mpl	masculin pluriel
qc	quelque chose
qn	quelqu'un

Acte III, Scènes III et IV

1. « *MARTHA (à MARIA) : « Mon rôle n'est pas de vous persuader, mais seulement de vous informer.* »
   Est-ce valable pour toute la scène ?
2. Pourquoi Martha hait-elle Maria ? Pourquoi veut-elle la désespérer ?
3. À qui Maria s'adresse-t-elle dans sa douleur ?
   Est-elle écoutée ?
   Quelle réponse reçoit-elle ?
4. Quelle est la fonction du vieux domestique dans la pièce ?
   Comment interprétez-vous la réponse qu'il donne à Maria ?
5. Comparez le bonheur dont rêvait Martha au début de la pièce au « *bonheur stupide des cailloux* ».
6. Comment comprenez-vous maintenant le titre de la pièce ?
   Quel en est le sens général ?

Devoirs

1. Lisez la préface de Camus. Êtes-vous d'accord avec l'auteur ?
2. À quel personnage vous êtes-vous intéressé le plus ?

Acte III, Scènes I et II

1. Que ressentent les femmes au lendemain du crime ?
2. Rappelez-vous les situations où Jan aurait pu être identifié. Quels sont les obstacles qui ont empêché son identification ?
3. On voit mieux les raisons de l'indifférence de la mère. Précisez-les.
   Que ressent-elle maintenant, après avoir appris le nom de sa victime ?
4. Y a-t-il une réflexion de Martha qui vous choque ? Laquelle ? Pouvez-vous expliquer pourquoi elle a fait cette remarque ?
5. Rappelez-vous les relations qui existaient jusqu'à maintenant entre Martha et sa mère. Avez-vous remarqué un changement depuis le moment où elles connaissent la vérité ?
6. La mère dit : « *Mais ce monde lui-même n'est pas raisonnable.* » Est-ce que cette remarque se rapporte uniquement à la situation présente ? à d'autres situations absurdes de la pièce ? ou à la vie en général ?
7. Martha reproche à son frère qu'il « *a obtenu ce qu'il voulait* ». Ce reproche explique-t-il son autre remarque : « *… si je l'avais reconnu, je sais maintenant que cela n'aurait rien changé* » ?
8. Maintenant Martha aussi a obtenu ce qu'elle voulait : l'argent pour partir. Pourquoi ne peut-elle par partir ? De quoi se rend-elle compte ? Qu'est-ce qui lui a manqué le plus ?

Devoir
Résumez ce que Martha entend par « vivre ».